ENQUANTO ESCORRE O TEMPO

Patricia Gebrim

ENQUANTO ESCORRE O TEMPO

Pensamentos, histórias e metáforas sobre
a vida, os relacionamentos e o bem viver

Editora
Pensamento
SÃO PAULO

Coordenação editorial: Denise de C. Rocha Delela e Roseli de S. Ferraz

Preparação de originais: Vera Lúcia Pereira

Revisão: Indiara Faria Kayo

Dados Internacionais de Catalogação na Publicação (CIP)
(Câmara Brasileira do Livro, SP, Brasil)

Gebrim, Patricia
Enquanto escorre o tempo : pensamentos, histórias e metáforas sobre a vida, os relacionamentos e o bem viver / Patricia Gebrim. -- São Paulo : Pensamento, 2010.

ISBN 978-85-315-1676-4

1. Autoavaliação 2. Conduta de vida 3. Conhecimento 4. Desenvolvimento pessoal 5. Relações interpessoais 6. Sucesso I. Título.

10-05884 CDD-158.1

Índices para catálogo sistemático:
1. Desenvolvimento pessoal : Psicologia aplicada 158.1

O primeiro número à esquerda indica a edição, ou reedição, desta obra. A primeira dezena à direita indica o ano em que esta edição, ou reedição, foi publicada.

Edição	Ano
1-2-3-4-5-6-7-8-9-10-11	10-11-12-13-14-15-16-17

Direitos reservados
EDITORA PENSAMENTO-CULTRIX LTDA.
Rua Dr. Mário Vicente, 368 — 04270-000 — São Paulo, SP
Fone: 2066-9000 — Fax: 2066-9008
E-mail: pensamento@cultrix.com.br
http://www.pensamento-cultrix.com.br
Foi feito o depósito legal.

Dedicatória

... ao que vem da alma, pois o que vem da alma nunca perece.

"E de novo acredito que nada do que é importante se perde verdadeiramente.

Apenas nos iludimos, julgando ser donos das coisas, dos instantes e dos outros.

Comigo caminham todos os mortos que amei, todos os amigos que se afastaram,

todos os dias felizes que se apagaram.

Não perdi nada, apenas a ilusão de que tudo podia ser meu para sempre."

– Miguel Sousa Tavares

Sumário

Agradecimentos

Sou muito grata a meus pais, Sergio e Iris, de quem recebi o maior dos presentes, a vida, esta que hoje tomo em minhas mãos e coração como sagrada. Pai, obrigada por ter me empurrado em direção ao mundo, pela sua alegria, senso de aventura e por ter me propiciado um contato tão próximo com a Natureza. Mãe, obrigada pela qualidade do seu coração, delicadeza da sua alma e por ter me ajudado a me descobrir como uma pessoa sensível aos seres e à vida.

Sou grata aos amigos e amigas que tantas vezes me ajudam a seguir quando as coisas ficam difíceis e que tantas vezes me ajudam a lembrar e acreditar em quem sou de verdade. Adriana Fernandes, Paula Moura, Raquel Galante, Kátia Périco, Ana Lúcia Paíga, Luis Antonio Paíga, Carla Colombo, Rodrigo Laurito e tantos outros, MUITO OBRIGADA POR EXISTIREM, eu não conseguiria sem vocês. Sou grata a todos os meus clientes do consultório, com quem tanto tenho aprendido sobre o ser humano e sua infinita e maravilhosa capacidade de superação.

Agradeço à Luiza, Cibele, Margareth e Patricia por ajudarem a organizar meu dia a dia. Ao Sr. Américo, que, quando eu era ainda uma criança, incentivou meu gosto pela leitura me dando uma caixa de tesouros que continha a coleção inteira do *Tarzan*, que eu tanto apreciei ler... meu muito obrigada!

Agradeço às pessoas maravilhosas que um dia passaram por minha vida e fazem parte de quem sou hoje, é impossível citar todos. Agradeço ao Sky, por me dar tanta alegria e se jogar no tapete, de barriga para cima, todos os dias quando volto para casa, aquecendo o meu coração.

Agradeço ao Ângelo Medina e à Tânia Ribeiro por terem me convidado a escrever no site *Vya estelar*, de onde surgiu o conteúdo deste livro. À Inês, da Livraria Millenium, pelo carinho e por estar presente em toda a minha trajetória. A Carla Labbate e Talissa Violim (www.esposare.com), pela foto. E agradeço de coração ao Ricardo e a todos da Editora Pensamento, por acreditarem em mim e continuarem me ajudando a fazer acontecer. Eu nada faria sozinha.

Prefácio

– Psicólogo não adoece, somatiza.

– Psicólogo não conversa, pontua.

– Psicólogo não fala, verbaliza.

– Psicólogo não tem ideias, tem *insights*.

– Psicólogo não resolve problemas, fecha *gestalts*.

Esse fragmento de texto (autor desconhecido) circula na Internet. Trata-se de uma crítica bem-humorada à postura sisuda assumida por alguns psicólogos.

Mas o que isso tem a ver com o presente livro?

Tudo e nada!

Patricia Gebrim sempre fugiu da sisudez acadêmica e pontuou seus excelentes textos com muita criatividade e bom humor, fazendo jus ao nome da coluna assinada por ela no site *Vya Estelar*, do UOL – www.vyaestelar.com.br. A coluna que gerou todo conteúdo desse livro chama-se "Eu".

Os textos têm como mote reflexões do dia a dia da autora. Ela consegue o mais difícil: escrever fácil! Faz isso com sensibilidade e delicadeza; toca fundo na alma das pessoas, mas sem prescindir de uma elaborada, e, às vezes, lúdica reflexão permeada de metáforas.

Ela utiliza a psicologia para servir ao leitor e não à psicologia; permite-se seguir sua intuição e, tomada por esse estado, deixa emergir em algum momento uma espécie de luz e percepção. Assim, formula para o leitor um novo olhar sobre o **Eu** e toda a vida que o cerca.

O título

Enquanto Escorre o Tempo: Pensamentos, Histórias e Metáforas sobre a Vida, os Relacionamentos e o Bem Viver.

O título não poderia ser mais apropriado. Neste *beat acelerado* em que vivemos, o tempo escorre mesmo pelos dedos e este livro pode ser aberto em qualquer capítulo e nele pode-se encontrar um alimento para a alma, a mente, as emoções e o bem-estar. E, como ninguém se basta, um bálsamo para lidar com os relacionamentos, sejam amorosos, sejam relações interpessoais.

Invariavelmente, cada um dos 48 capítulos que compõem o livro vai levar a um desses temas.

Sem trazer receita pronta para a felicidade, mas com magia literária, Patricia Gebrim propõe reflexões para melhorar a autoconfiança, a autoestima (para amar alguém é preciso amar a si mesmo em primeiro lugar); traz um conceito amplo sobre espiritualidade que não se restringe à religiosidade: "Uma pessoa espiritual, em minha forma de ver, é uma pessoa que se percebe conectada a tudo o que existe, uma pessoa que percebe as infinitas cadeias de inter-relação que compõem a teia da vida. Para ser bem simples: chamo de espiritualizada uma pessoa que procura agir com ética e bom-senso, dando o melhor de si, visando o bem do todo", diz.

O lado pragmático da vida está presente em não deixar para amanhã o que se pode fazer hoje, em vencer os medos – uma percepção subjetiva!

E, para a vida ficar mais leve, a criança interior – seu **Eu criança** – te ensina a encará-la com mais leveza.

Enquanto o tempo escorre, tire a poeira dos olhos, viaje nessa leitura, voe como uma águia.

Passe a enxergar uma nova vida, um novo mundo.

– Angelo Medina

Editor do site *Vya Estelar*, do UOL
www.vyaestelar.com.br

O livro

Em 2004, fui convidada pela Tânia Ribeiro e pelo Angelo Medina a escrever uma coluna quinzenal para o site *Vya Estelar*, que aborda temas relacionados à qualidade de vida.

Aceito o convite, os artigos foram surgindo de forma simples e natural, pois estava movida pelo prazer de compartilhar com os leitores as ideias e pensamentos que iam acompanhando meu dia a dia. Em 2008, um dos meus leitores sugeriu que eu compilasse os artigos e os editasse. Embora nunca tenha pensado no assunto, gostei da ideia. Assim surgiu este livro. (Obrigada, Jairo, pela ideia!)

Não existe uma sequência a ser seguida na leitura do livro. Sugiro que ao lê-lo você exercite a sua liberdade. Desfrute, arrisque, aventure-se. Vá e volte como quiser. Divirta-se!

Introdução

Meu pai tinha uma forma engenhosa de acordar a família nos fins de semana. Ele queria que todo mundo fosse pescar com ele, mas gostava de sair muito cedo, o que com certeza não agradava muito a mim e a meu irmão, na época pré-adolescentes. Claro que isso não era algo que fizesse meu pai desistir. Cheio de alegria e de uma surpreendente animação matinal, ele pegava tampas de panela e entrava no quarto batendo as panelas e cantando a "música do café" (vou poupá-los dessa parte). Não havia quem conseguisse dormir e, de cara feia, íamos todos à tal pescaria. Lá pelo meio do dia acabávamos nos sentindo gratos por termos tido a chance de viver tantas aventuras e descobrir tantas belezas naturais. Assim eu aprendi que precisamos despertar, se quisermos desfrutar da vida.

Talvez venha dessa memória de infância essa urgência que sinto em tentar despertar as pessoas. Por sorte acabei não sendo percussionista, preferi escrever. Meu desejo é gritar, por meio da escrita, o quanto somos todos muito mais especiais do que imaginamos, dizer que podemos mudar tudo em nossa vida se arriscarmos sair desse estado de letargia que nos faz querer dormir, se arriscarmos ser quem realmente somos, se jogarmos fora esse monte de regras prontas sobre a vida e trilharmos o nosso próprio e único caminho, pois é lá, e somente lá, que se encontra nossa luz.

Cada uma de minhas células tem uma consciência absurda da passagem do tempo.

O tempo escorre por entre os dedos de nossas mãos. Não temos todo o tempo do mundo. Precisamos despertar.

Agora.

• I •

Felicidade tem preço?

Tem sim. Todo mundo quer ser feliz, quer se sentir leve, alegre, quer ter aquela vontade de cantar alto quando ouve uma música de que gosta, quer se sentir confiante ao acordar, quer fazer amizade com a vida e sorrir para o espelho antes de se deitar. Todo mundo quer essa sensação gostosa de liberdade que temos quando somos simplesmente quem somos. Mas poucas pessoas têm a coragem de pagar o preço da felicidade, porque felicidade custa, sim. E não é pouco.

Se você quer ser feliz, terá de aprender muitas coisas. Terá de aprender a ficar surdo para o que vem de fora e ouvir o que vem de dentro. Dentro de você existe toda a sabedoria necessária para uma vida muito feliz, acredite. Existe direcionamento e paz. Mas nem sempre é confortável ouvir essa voz, a voz do seu verdadeiro Eu. Muitas vezes ela lhe pede que faça movimentos realmente assustadores, pede que mude coisas às quais você está acostumado ou adaptado, pede que enfrente pessoas e instituições, pede entrega total e absoluta, não é fácil.

Muitas vezes, ouvir essa voz pode significar ter de mudar de casa, de trabalho, de relacionamento. Enfrentar pessoas queridas, ou não ser o que as pessoas ao seu redor esperam que você seja. Por isso, por medo de sair da zona de conforto é que nos recusamos a ouvir nossa própria voz e continuamos lá, dia a dia, cultivando nossa infeliz vida medíocre, com medo de abrir as asas e voar em direção à nossa verdade.

Mas a verdade é que só podemos experienciar essa sensação que chamamos de felicidade quando estamos plenamente presentes em nossa vida, sendo quem de verdade somos, inteiros, aceitando a nós mesmos, sendo corajosos o suficiente para enfrentar o mundo se necessário, tudo para seguir nosso próprio caminho.

O mundo ao seu redor não se preocupa com a sua felicidade, acredite. O mundo ao seu redor é como uma máquina interminável de cobranças e solicitações – Faça isso! Seja isso! Diga aquilo! Vá para lá! Fique onde está! Não se mova! Não se mova! Não se mova! NÃO SE MOVA!

O mundo ao seu redor grita o tempo todo em seus ouvidos e de certa forma lhe diz que se você sair dos caminhos por ele planejados, será abandonado, deixado para trás, e não mais será digno do seu amor. E o mundo ao seu redor lhe diz que você fracassará se não seguir seus conselhos. O mundo não nos quer livres. O mundo ao nosso redor precisa que fiquemos exatamente onde estamos para que as coisas continuem sendo como são e para que ele também não precise se mover. Porque se você se move, o mundo terá de se mover também!

O mundo ao seu redor tem medo de você, tem medo da sua liberdade, essa é a verdade.

Pena que ninguém saiba que se cada pessoa se tornasse mais livre, o mundo se libertaria também. É triste. O que eu vejo é um monte de gente infeliz, querendo que tudo continue exatamente como está. O medo é quem está no comando de tudo. Qualquer movimento é visto como ameaçador, e assim nos tornamos todos companheiros em um calabouço frio e úmido. Mal ousamos sonhar com o sol.

Assim, se você quer o brilho dourado do sol aquecendo sua pele, terá de enfrentar o mundo. Lembre-se, o mundo ao seu redor está cego e doente, precisando de cura. Não fará bem a ninguém, nem a você, nem ao mundo, sucumbir a essa doença que diz a todos que precisam ficar exatamente onde estão. Não fará bem a ninguém uma vida controlada pelo medo.

Todas as pessoas felizes que conheço passaram por um momento transgressor, transgrediram certas "leis" da sociedade em favor de uma verdade interna, romperam os elos do medo. Todas as pessoas felizes que eu conheço foram corajosas o suficiente para abrir mão das fórmulas prontas que lhes foram transmitidas pelo mundo, foram em busca da sua própria verdade e aprenderam a honrar a si mesmas. Tiveram a coragem de EXISTIR.

Se você quer ser feliz, rasgue esse livro cheio de regras que lhe diz como ser feliz. Esse livro maldito tem nos aprisionado por tempo demais.

Precisamos acordar.

Agora.

• 2 •

O girassol

Outro dia eu vi um girassol amarelo. Eu sei que é repetitivo dizer que o girassol era amarelo; pelo que eu saiba, não existem girassóis de outra cor. Mas você vai entender... aquele dia estava tão cinzento que eu precisava ressaltar a cor.

Todos nós temos dias assim: cinza, úmidos, tristes. Dias em que a gente se sente uma massa feita de nada. Nesses dias, como se existisse um encanto às avessas, tudo costuma dar errado.

Foi num dia desses que eu vi o girassol. Eu estava em um daqueles enormes ônibus que fazem a rota Congonhas/Cumbica aqui em São Paulo. Ia viajar, mas estava me sentindo estranhamente triste. Olhava pela janela e enxergava tudo cinza. As pessoas eram cinza, os prédios eram cinza, a grama era cinza, e meus pensamentos também, pois giravam em torno de tudo o que estava errado no planeta, e de novo vou poupar você de meus horríveis pensamentos – sei que sua imaginação é capaz de me acompanhar!

Foi nesse momento que, pela janela do ônibus, vi esse lugar, acho que era um ferro-velho, cheio de coisas largadas aqui e ali, pneus velhos, pedaços de móveis; enfim, um lugar feio e triste, que combinava perfeitamente com meu estado de espírito. E bem no meio disso tudo, sobre um monte de terra, o girassol. Lindo, amarelo, ereto, aberto na direção do sol. Eu nunca vira uma flor tão bela!

Tente imaginar o que estou contando, tente enxergar a coragem daquela flor, que insistiu em ser quem era a despeito do que existia ao seu redor. Será que ela se sentia solitária ali? Ou será que aprendeu a conversar com latas, mangueiras furadas e pedaços gastos de madeira? Será que sabia que existiam lugares maravilhosos, vastos campos de girassóis onde ela seria apenas uma a mais? Será que sabia o quanto era especial, naquele ferro-velho?

Pense nesse girassol como o seu Eu Superior, a sua essência, a sua parte mais bela, a sua alegria, o seu brilho, a sua luz. Pense nesse girassol como o seu sorriso mais aberto. Pense nesse girassol como a sua coragem de viver em um lugar tão cheio de coisas gastas, ásperas e cinzentas. Quantas vezes nos deixamos envolver pelo cinza e deixamos que a nossa luz se apague?

O ônibus continuava seu caminho monótono e barulhento. O dia continuava cinza. Mas estranhamente um calor começou a me envolver, e eu percebi que era o amarelo do girassol esquentando meus pés, meu estômago, me abraçando, me acolhendo. O amarelo, como se fosse uma varinha de condão, acordou dentro de mim novos pensamentos. Segui pensando que precisamos aprender a continuar sendo quem somos, mesmo em dias cinzentos. Precisamos dividir com o mundo o nosso brilho. Talvez muitas pessoas passem por nós e nem sequer o percebam. Talvez passemos uma vida inteira sem ser vistos. Mas um dia, um dia qualquer, alguém vai enxergar você. Vai olhar na sua direção e ver a sua luz. E ao ver a sua luz vai se lembrar que é feito de luz também.

Precisamos parar de olhar para o que está errado na nossa vida, nas pessoas, no mundo. De que adianta isso?

Vamos plantar girassóis!

• 3 •

A criança sagrada

Muito se fala hoje em dia sobre a Criança Interior. Existem muitas facetas dessa criança que mora dentro de você. Mas por hora deixaremos de lado a criança ferida, a criança carente, a criança teimosa e exigente.

Vamos falar da "Criança Sagrada", porque sem ela nos tornamos meros homens-robôs cumpridores de tarefas. Sem ela a vida se torna chata e monótona e nada parece nos interessar de verdade. Um dia você foi pequenininho, lembra? E tudo ao seu redor era novo, grande e encantador. Talvez até mesmo assustador!

Naquele tempo, as coisas que hoje você acha pequenas eram os "grandes eventos" do seu dia a dia: a gota de água escorrendo na janela, o feijão que magicamente brotou do algodão, o gosto horrendo daquele óleo de fígado de bacalhau (sorte sua se não teve que passar por isso!). Naquele tempo, antes de ter desaprendido a viver naturalmente, você era simplesmente... você. É claro que o mundo parecia um infinito campo de descobertas, cheio de mistérios, mas era exatamente a presença dos mistérios que tornava tudo tão interessante e divertido.

Você cresceu, e foi aprendendo a nomear tudo, a entender tudo, e os mistérios foram sendo desvendados. Você foi se sentindo mais esperto ao dominar o mundo, as contas, as palavras, a biologia etc., mas o que aconteceu é que você foi se perdendo da magia. Deixou de perceber os círculos que o vento traçava na superfície de um lago solitário. Deixou de perceber o som das asas dos beija-flores, deixou de perceber que, agora mesmo, enquanto você lê estas palavras, infinitas estrelas brilham em um inexplicável universo ao seu redor. Você deixou de perceber o quanto tudo era sagrado. Você deixou de sorrir para as pessoas, de pisar na grama, de acreditar e de chorar. Talvez você tenha até mesmo deixado de amar, com medo de que não correspondessem ao seu amor.

Sem a presença da Criança Sagrada, a vida vai ficando seca, como um jardim após um período de estiagem. Mas, acredite, não precisa ser assim. Você pode agora mesmo fazer como antes, e sair por aí olhando as pessoas nos olhos e sendo exatamente quem você é sem se importar tanto com o que elas pensam de você. Mas para isso você precisa reencontrar essa criança e trazê-la para bem pertinho de você. Ela não está longe... bastam três passos.

Primeiro passo: *divertir-se mais*! Entenda, você não está aqui, no planeta, para fazer tudo certo. Só o que você precisa é viver as experiências que a vida lhe trouxer e aprender com elas.

Ora, toda criança sabe disso! As crianças brincam, e assim aprendem um monte de coisas. Já nós, adultos, levamos tudo tão a sério, e queremos ser sempre tão perfeitos, que tiramos toda a graça da vida. Preste atenção: Quando você estiver indo para uma reunião muito importante, ou para uma entrevista de emprego, ou para um primeiro encontro com alguém por quem você esteja interessado, faça de conta que tudo se trata de uma brincadeira, e que o que realmente importa é a experiência e o aprendizado, "não o resultado". Relaxe, seja simplesmente você mesmo e tente se divertir. Abra mão do peso, porque quando carrega esse peso nas costas, você faz as coisas com muito mais dificuldade do que faria se estivesse leve e livre para simplesmente fluir com a vida.

Segundo passo: *ter a coragem de arriscar!* Eu sei, esse é um passo um pouco mais avançado. Estamos tão acostumados a buscar segurança, que contratamos o medo como nosso guia para as decisões da nossa vida. Mas que sentido faz viver uma vida conduzida pelo medo? Temos medo de errar, medo de nos frustrar, medo do futuro, medo até mesmo de acertar. Mas a verdade é que não há vida sem risco. Não mesmo! Sem risco a vida é apenas uma repetição monótona daquilo que já conhecemos. Você precisa sair do curso de vez em quando, escolher um caminho diferente, provar novos sabores, agir de maneiras diferentes. Arrisque dizer o que sente, ir atrás do que quer, acreditar que é capaz.

Certa vez li em um livro algo assim: "Loucura é querer obter resultados diferentes fazendo sempre a mesma coisa". É verdade. Olhe para a sua vida. Ela é resultado daquilo que você sempre fez. Se quiser mudar algo nela, trate de arriscar fazer algo diferente!

Terceiro passo: *amar.* Simples assim. Quantas vezes ficamos presos em bifurcações sem saber o que decidir? E nessa indecisão acabamos causando dor. Machucamos a nós mesmos e àqueles que estão ao nosso redor. Mas as coisas ficam mais simples quando nos dispomos a simplesmente amar. Talvez você possa se perguntar: "Qual é a decisão mais amorosa?" Entenda que uma decisão amorosa sempre acaba sendo a melhor para todos os envolvidos, mesmo que não pareça ser assim.

É incrível a enorme quantidade de força que recebemos quando começamos a exercitar isso em nossa vida. De repente, descobrimos que não precisamos mais ficar paralisados perante cada escolha e a cada bifurcação em nosso caminho de vida. Nos movemos, e no movimento aprendemos, crescemos e nos sentimos novamente vivos. A Criança Sagrada desperta de novo em nossa vida, e o mundo se torna subitamente cheio de mistérios a ser desvendados. Tenha certeza, a vida estará ao seu lado!

A escolha é sua. Sua vida está em suas mãos. Eu só lhe digo uma coisa. Ouça bem porque é muito importante o que vou dizer.

A vida é curta, é um sopro, um sonho, um brilho fugaz na eternidade do Universo, e passa tão rápido... Um dia tudo o que você terá serão as escolhas que fez na vida. Faça com que esse dia seja feliz, e que ao olhar para trás um sorriso venha à sua face.

Só os corajosos tocam a felicidade.

• 4 •

Aprendendo a lidar com a irritação

Outro dia eu acordei irritada. Ainda bem que isso nem sempre acontece. O mais comum, quando acontece, é que eu vá me irritando no decorrer do dia, mas naquele dia acordei querendo estrangular alguém!

No meu caso isso nem é tão mal, uma vez que um tempo depois posso transformar o que vivi em um artigo mais ou menos divertido, e se eu fizer isso razoavelmente bem, até posso dar risada do que antes me pareceu absolutamente insuportável.

Bem, naquele dia, me vesti para sair para o trabalho, e percebi, atônita, que alguém tinha transformado o mundo enquanto eu dormia. Desci para tomar café e, em vez de encontrar minhas alegres cachorras, que todos os dias me brindam com latidinhos de afeto e bom-dia, encontrei dois monstros cheios de unhas que não paravam de pular em mim e me arranhar. Briguei com elas e saí de estômago vazio, afinal o pãozinho de queijo que vendem lá perto do consultório é uma delícia. Entrei no meu carro e encarei o trânsito.

Olhei para o carro ao lado e quase desmaiei de susto. Acreditem, o motorista era um bicho estranho, tinha um corpo gordo, esverdeado, meio gosmento, aquela gosma se espalhava pelo painel do carro... e ele tinha duas antenas esquisitas... *MEU DEUS! O MOTORISTA ERA UMA LESMA*! Assombrada, comecei a olhar para os outros carros, e todos os motoristas eram lesmas gosmentas que pareciam não ter nada a fazer a não ser entrar na minha frente com sua lentidão insuportável. Eu queria ter um pote de sal para jogar neles! (Bem, quando eu era criança, me disseram que as lesmas morreriam se jogássemos sal nelas.)

Fui atravessando aquele mar de carros até chegar ao meu local de trabalho. Estacionei e, tentando esquecer o nojo de ver todas aquelas lesmas, fui em busca do meu pão de queijo. Quando cheguei à lanchonete, descobri que as lesmas tinham conseguido me atrasar a ponto de perder a primeira leva de pães de queijo. Por mais que o rapaz alegrinho me dissesse que logo sairiam novos pães fresquinhos, preferi fazer a minha melhor imitação de dragão e saí bufando, sentindo um certo prazer em me sentir injustiçada, e ainda com mais raiva do ataque das lesmas gosmentas.

Enquanto subia para a minha sala, recebi uma ligação de uma pessoa dizendo que eu precisava assinar um contrato, e que tinha de ser exatamente às dez horas. Concordei, reorganizei a minha agenda para poder cumprir o tal compromisso. Às dez horas em ponto eu estava no local, mas algo estranho acontecia naquele cartório. Todas as pessoas que trabalhavam lá tinham a cabeça meio amassada, pés enormes que se arrastavam com dificuldade e não tinham orelhas. Não adiantava falar com elas, elas não ouviam, continuavam com seus afazeres, como se fosse uma coreografia feita só para me irritar ainda mais. Pareciam não perceber o meu desespero, pareciam não saber que eu já tinha tido de me livrar da invasão de lesmas e que ainda não tinha tomado meu café da manhã.

Espumando de raiva, eu falava com os funcionários, andava de um lado para o outro, fervia por dentro. Mas os homenzinhos não tinham orelhas, lembra?

Bem... eu poderia continuar por um bom tempo escrevendo sobre esse dia, mas acho que já causei impacto suficiente. Perceba, você que me lê aí do outro lado do papel... quando estamos em um estado assim, quando estamos irritados, quando perdemos o controle, nós distorcemos a realidade. Enxergamos coisas que não existem.

Ao fazer isso, acabamos criando para nós mesmos uma série de situações ruins. Se as coisas não estavam bem, nós as tornamos ainda piores. E podemos torná-las de verdade muito ruins. O mundo é um espelho que reflete de volta exatamente o que estamos projetando nele!

Logo, se você acordar irritado, procure ficar um pouco com você mesmo, procure evitar entrar em confronto com o mundo, dê a si mesmo o direito de estar se sentindo assim e o tempo para entender o que acontece e se equilibrar novamente. Não exija demais de você nesse momento. Saiba se poupar.

A irritação indica que existe algum sentimento negativo em você que precisa ser percebido e transformado. Outra palavra para irritado é "enfezado". Pense nessa palavra, "enfezado", cheio de "fezes". Assim estamos nós, mas se não percebermos isso acabaremos achando que aquele cheiro ruim vem de alguém lá fora. E culparemos o outro, e perseguiremos o outro, e brigaremos com o outro, quando na verdade precisaríamos parar e fazer uma limpeza em nosso próprio Eu.

Na próxima vez em que você se sentir irritado, muito irritado, tente olhar através dos véus da irritação. Abra os olhos um pouco mais e descubra, por trás de seu estado alterado, as cachorras amorosas, os motoristas a caminho do trabalho, o pão de queijo quentinho prestes a sair na próxima fornada, o funcionário sobrecarregado tentando fazer o seu melhor.

Afinal, não precisamos ficar cegos, além de irritados, precisamos?

• 5 •

Você pode dizer "Não"

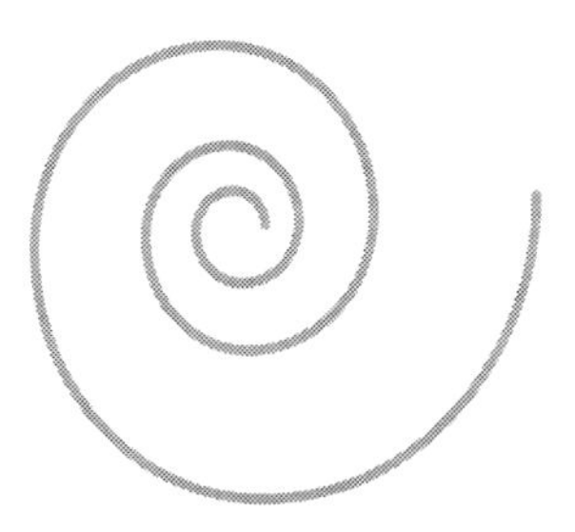

Muitas pessoas sentem uma grande dificuldade em impor limites, em negar algo a alguém, em dizer essa palavrinha de três letras. Não.

Você é daquelas pessoas que mudam todo o seu trajeto para dar carona a alguém? Fica horas ao telefone ouvindo uma amiga contar sobre o namorado, enquanto uma pilha de trabalho inacabado espera por você sobre a mesa? Saiu da refeição do domingo passando mal de tanto comer, só porque a sua tia cismou que você tinha de repetir a macarronada cinco vezes e ainda aceitar a sobremesa ?

Se esse for seu caso, eu tenho certeza de que você já perguntou a si mesmo: POR QUE FAÇO ISSO COMIGO?

A primeira e mais evidente resposta é "porque não queremos desagradar alguém". Não queremos desagradar uma pessoa que nos pede carona, não queremos desagradar uma amiga, nem uma tia que é grande e que já tem fama de encrenqueira.

Mas é preciso que você perceba que, para não desagradar ao outro você acaba desagradando a você mesmo, repetidas vezes. Cada sim dito ao outro é um não dito a você!

Você conhece alguém que agrada a todas as pessoas o tempo todo?

Pense na parte adulta de você. Eu tenho certeza de que, sendo o adulto que é, você sabe que tentar agradar a todos é algo simplesmente impossível de ser atingido. Eu sei também que você sabe que não existe problema algum em negar uma carona. Ou em dizer a uma amiga que você tem muito trabalho a fazer, e que não pode falar com ela naquele momento ao telefone. Ou em não comer, caso não esteja sentindo vontade. É óbvio, para nosso Eu Adulto, que não somos obrigados a fazer coisas que não nos fazem bem, e que temos o direito de esperar que as pessoas que convivem conosco compreendam e aceitem nossos limites.

Se fôssemos puramente racionais e adultos, tudo estaria resolvido, e ponto final.

Mas o problema é que muitas vezes é a criança em nós que assume o comando de nossas falas e decisões. E com a criança a coisa é mais complicada. Quando você era criança, houve uma época em que você realmente dependia da aceitação dos adultos. O que uma criancinha poderia fazer caso os pais não a aceitassem, não cuidassem dela? Poderia chegar a morrer, certo? Então, para a criança, ser aceita era caso de vida ou morte. E essa vivência da criança fica registrada na forma de emoções.

Você está cansado, tem muito trabalho a fazer, e sua amiga liga querendo lhe contar o fim de semana. Seu adulto pensa:

"– Oh, não!!!! Estou exausto, preciso terminar esse relatório, vou dizer a ela que agora não posso falar e que ligo quando estiver mais tranquilo". Esse parece um pensamento racional, não é? Mas a criança em você, que é toda emoção, se agita toda. "– Ah, mas se eu não a ouvir, ela não vai mais gostar de mim..."

E a criança transforma a situação toda em uma bola de boliche que fica entalada na sua garganta, e você fica lá, mudo, paralisado, escutando... escutando... escutando... e se sentindo mal. Não é difícil perceber que existe algo errado nisso tudo.

Para deixar de fazer mal a si mesmo, você precisa aprender a dizer não. E para dizer não aos outros, você vai precisar aprender a dizer sim a você. Quando estiver em uma situação dessas, procure analisar tudo de uma forma mais racional.

O "não" é um direito seu, uma forma de honrar a si próprio. Você verá que não vai perder as pessoas ao fazer isso.

Pelo contrário, vai ganhar uma pessoa na sua vida, a mais importante de todas: você mesmo!

• 6 •

Não deixe sua estrela morrer

Janeiro é um mês tranquilo. Quase todo mundo está viajando, o que não me dá outra opção a não ser diminuir o ritmo também. Fico com cheiro de praia e olhos de estrelas e, nesses momentos, que delícia, me lembro de mim.

Que doença horrível é o esquecimento, esse esquecimento de alma que anda endurecendo as pessoas por aí. Não que não aconteça comigo, porque até eu endureço de vez em quando. Começa devagarzinho, uma rigidez aqui, uma cobrança ali... e quando vejo já estou agindo como uma máquina fazedora de coisas. Cheia de dores nas costas e apertos no peito, fico assim quando endureço. E você?

O pior de tudo é esquecer das estrelas. Quando esquecemos das estrelas, perdemos o brilho no olhar. A cidade é um desafio, são tantas as luzes artificiais que não se pode ver as luzes da natureza. É quase impossível de ver até mesmo um vaga-lume na cidade e, quando aparece um, mal sabe ele que corre o risco de ser alfinetado e guardado para a eternidade. Gente dura acaba fazendo coisas assim, gente que esqueceu das estrelas. Você entende por que me incomoda tanto o esquecimento?

Quando esquecemos quem de verdade somos, damos de cara com um vazio que angustia, e o vazio fala assim dentro de nós:

– O que estou fazendo aqui mesmo?

Na ausência da resposta, para fugir da dor do não saber, nos lançamos a atividades frenéticas e fazemos, fazemos, fazemos... tanto "fazer" faz com que , por alguns instantes, nos sintamos com algum sentido. Passa rápido, eu sei, o sentido que vem das coisas mundanas. Como fogos de artifício, brilham por alguns segundos, deixando no ar um cheiro de queimado, cheiro de coisa-bela-artificial-que-não-preenche-coração.

Aproveito para escrever tudo isso hoje porque acabei de voltar de férias e estou com a alma lavada de água de mar. Minha cor hoje é azul e não faço tanta questão de fazer sentido, hoje gosto mais de brincar com as palavras, que vão brotando deste teclado antes mesmo que eu saiba o que planejam escrever. Minha mente ainda está lenta de tanta areia de praia e aproveito a brecha para correr à sua frente antes que ela acorde, lógica e racional, com sua caneta vermelha que acha saber mais do que os meus dedos rebeldes. Hoje confio mais nos meus dedos.

Eu queria que você se "lembrasse", queria que confiasse mais naquilo que antecede as palavras. Todos sabemos muito das coisas, antes de pensar, antes de saber. Quando pensamos, emburrecemos a alma. Eu queria você de alma sábia e viva, queria que você sentisse o que estou dizendo sem dizer, queria que você não se incomodasse se não conseguisse compreender, pois as mais belas e verdadeiras coisas da vida não são aquelas que compreendemos e sim as que tocam nossas profundezas.

Eu queria conseguir continuar assim molinha, sem tanto querer. Queria continuar assim, sem tanto esforço em fazer sentido, mas sei que esse delicado estado de ser escorre por entre meus dedos e se vai aos poucos. Queria que eu e você conseguíssemos "nos lembrar", todos os dias, e que, ao nos lembrarmos, fôssemos capazes de sonhar com um mundo mais belo. E quem sabe sonhando pudéssemos juntos pintá-lo em uma tela bem grande e colorida, para que todas as outras pessoas se lembrem também.

Somos mais do que pensamos ser, lembra?

Não deixe que a velocidade de tudo atropele seu caminhar. Respire fundo quando se perceber perdendo o ritmo, quando se perceber sentindo medo, quando se perceber desconfiando de tudo e de todos. Todos precisamos reaprender a relaxar.

O ano está começando, seus sonhos estão despertando nesse novo dia e se é que existe um sentido neste texto, eu o traduziria em um pedido que sopro em sua direção:

– Neste dia, neste ano... não deixe sua alma morrer!

E que sejamos capazes de nos "lembrar", neste e em todos os dias de nossa vida.

• 7 •

Amor e intimidade

Você já percebeu o medo que nós temos dessa coisa chamada intimidade? Parece que toda vez que alguém começa a chegar perto demais de nós, acabamos dando um jeito de nos afastar? Às vezes fazemos isso conscientemente, dizendo que não queremos mesmo nos envolver. Mas muitas vezes agimos assim sem perceber.

Pense nas pessoas com as quais você convive no dia a dia, as pessoas das quais você poderia estar mais perto e desfrutar de um relacionamento próximo e acolhedor. Você se sente íntimo dessas pessoas? Quantas pessoas em sua vida conhecem você intimamente? A quantas pessoas você se revela totalmente?

Marido e mulher, muitas vezes, passam anos e anos um ao lado do outro, mas não sabem o que se passa no íntimo de seu parceiro. Não conhecem os anseios, os sonhos, os medos daquela pessoa que dorme, dia após dia, na mesma cama, bem ao seu lado.

É fácil perceber essa dança nos relacionamentos. Perceba o quanto todos nós vivemos isso de vez em quando; perceba como, muitas vezes, basta que um casal estabeleça um clima de afetividade e harmonia, basta que dois corações comecem a se abrir e algo acontece. Como se um alarme de alerta começasse a tocar. – Perigo! Intimidade à vista!

Então uma briga surge por um motivo bobo qualquer, o suficiente para que o casal volte a uma distância "segura" novamente. Por que temos tanto medo dessa tal intimidade?

Temos medo porque associamos intimidade com vulnerabilidade. "Se o outro for capaz de olhar profundamente dentro de mim, saberá quem sou, conhecerá minhas fraquezas. E se assim for, irá me rejeitar, ou pior, se aproveitará de mim." Esse é o medo que nos faz fugir do que mais ansiamos, criando um círculo vicioso de relacionamentos superficiais, baseados no medo e na desconfiança, relacionamentos que nos mantêm insatisfeitos e sós.

O triste nisso tudo é que, no fundo, todos ansiamos por intimidade. Todos desejamos amar e ser amados, desejamos um relacionamento em que possamos ser exatamente quem somos, desejamos um encontro mais profundo, um encontro no qual não só nossos corpos ou nossos pensamentos conversem. No fundo desejamos uma troca de alma. Desejamos que o outro olhe bem dentro dos nossos olhos e pergunte: – Quem é você hoje?

Para criar mais intimidade nos relacionamentos é preciso que sejamos capazes de correr riscos. Mesmo se nos ferirmos de vez em quando, ao nos abrirmos para mais intimidade também nos abriremos para receber mais afeto e consideração. Nos abriremos para amar e ser amados pelo que somos, sem a necessidade de máscaras ou subterfúgios de afastamentos. Sem precisar nos esconder o tempo todo.

Ouça, para ser amado você não precisa ser forte, invulnerável ou perfeito. Basta ser quem você verdadeiramente é. Corra o risco de permitir que o outro enxergue o que se passa dentro de você.

Se o preço para o amor for a negação do que se passa dentro de nós, acredite, não vale a pena.

• 8 •

A sua vida pode ser mais leve

Aceite, vivemos em um mundo feito de polaridades! É inevitável acordar com cara de maracujá amassado de vez em quando. É inevitável ficar gripado, com o nariz assado, mais parecendo um tomate rachado. É inevitável sentir-se ridículo ao sofrer por amor vez ou outra na vida. Aceite, faz parte de nossa experiência como seres humanos. Por aqui, amor e medo andam de mãos dadas, bem como o prazer e o desprazer, a beleza e a feiura, a alegria e a tristeza. A busca por perfeição é, como dizem, uma "barca furada".

O problema é que algumas pessoas simplesmente não desistem. Fingem que as coisas podem ser diferentes e andam pela vida em busca de uma galinha dourada que cante árias de óperas, ande de patins e escreva textos filosóficos em suas horas vagas! Querem acordar belos e radiantes, como acontece nas telas de cinema. Querem vidas impecáveis, como lençóis de linho branco que acabaram de ser passados a vapor, com cheirinho de baunilha, é claro. Querem o amor imaculado que emana luzes douradas de uma perfeição divina.

Acredite no que vou lhe dizer. Essas são as pessoas que mais sofrem. Por mais que suas vidas tenham lá o seu charme, acham que nunca é o suficiente, que deveriam estar vivendo outra coisa ou estar em outro lugar, talvez com outro alguém. Pensam que uma vida feliz deve ser cinematográfica, com direito a *flashes* e pedidos de autógrafos. E assim, descartam, sem perceber, a única possibilidade de felicidade, que se encontrava lá, meio amassada, como um papel de bala, acomodada bem nas palmas de suas mãos.

Hoje eu acordei com os olhos inchados, parece até que levei um soco embaixo de cada olho. O gosto na boca é pior ainda, uma mistura de borra de café, boldo e óleo de fígado de bacalhau. Meu cabelo parece um ninho de urubus infestado de cupins e, para ajudar, não tem água em casa, sei lá eu por quê. Olho no espelho e sei que tenho duas opções (viva a dualidade!). Posso chorar, ou posso rir. Tenho preferido rir.

Antes que eu seja mal interpretada, tenho algo a esclarecer. Eu sei o quanto é importante entrarmos em contato com as profundezas da alma humana, com a intensidade da dor, com a verdade do que se passa dentro de nós. Penso que faz parte de uma existência significativa visitar com certa frequência o nosso mundo interno, esse lugar sagrado cravado no coração de uma floresta encantada. Mas precisamos aprender a mergulhar em nossa profundidade, resgatar de lá os nossos tesouros, na forma de sentimentos, colares de lágrimas talvez, e depois nos erguermos, leves e alados, sobre a copa das árvores, celebrando as nossas conquistas com um voo pleno de alegria. Precisamos aprender a fazer uma dança entre o que se passa dentro e fora de nós. Mergulhar e respirar. Sorrir e chorar. Aprofundar e levitar.

Eu sei que você muitas vezes encontra coisas difíceis quando mergulha em suas profundezas, mas hoje quero lhe dizer que você pode optar por rir quando perceber que as coisas ficaram pesadas demais. Pode compreender que bom humor é um bálsamo sagrado capaz de aliviar a maior parte das doenças da alma. No começo, pode parecer triste, eu sei, como pode parecer triste a alegria do palhaço. Mas se você tiver alma de criança, a coisa muda de figura. A criança, em sua deliciosa inocência, não fica o tempo todo se questionando se a alegria do palhaço é alegre mesmo. Ela simplesmente ri, se diverte, e, ao fazer isso, faz os adultos rirem também, mesmo aqueles que estavam imersos em suas inúmeras e profundas questões filosóficas e existenciais.

Você pode me acusar de ser simplista, sei que corro esse risco. Talvez até esteja certo. Mas me dê um desconto... acordei com uma cara tão feia hoje, que, se não conseguir rir, vou me acabar de chorar, vou ter de gastar uma nota preta em cirurgia plástica, mais um tanto em cosméticos, maquiagem, terapias (nada contra terapia, gente... afinal sou terapeuta!) e antidepressivos.

Então, com sua permissão, hoje eu prefiro rir!

• 9 •

Se pudéssemos ser amigos do nosso amor...

Você já parou para pensar no quanto valorizamos as trocas afetivas, os relacionamentos românticos? Parece que todos estão em busca de um amor. Como se cada pessoa fosse uma metade cambaleante que mal se aguenta em pé, buscando desesperadamente uma outra metade, para que assim possa caminhar inteira pela vida.

Se considerarmos que somos metades em busca de metades, será inevitável que queiramos que a metade buscada contenha "exatamente" o que nos falta. Isso torna os relacionamentos amorosos, em geral, extremamente exigentes e controladores. Não raro as pessoas que estão se relacionando comentam que têm dificuldade em ser elas mesmas.

Pense em alguém que começa a namorar. Imediatamente após o anúncio, formal ou não, do início do relacionamento, desenrola-se uma interminável lista de expectativas e cobranças. De repente, o outro deixa de ser alguém qualquer e passa a ser o "nosso" namorado, ou namorada. Como se tivéssemos adquirido um novo produto, passamos a esperar muita coisa.

Queremos que a pessoa nos complete, exigimos atitudes, cobramos, fantasiamos. Criamos uma metade perfeita na nossa cabeça e queremos a todo custo que o outro seja aquilo que imaginamos. Esperamos que aquela pessoa nos faça felizes, preencha nossas carências, afaste nossos medos e nos faça sentir tão aconchegados, protegidos e serenos quanto nos sentíamos no colo de nossa mãe.

Agora pense na amizade. E sinta a diferença. Sabemos que o amigo não é "nosso". Não esperamos que o amigo seja tudo para nós. Não exigimos que ele nos considere prioridade na sua vida. Não ficamos plantados ao lado do telefone imaginando mil razões para explicar o porquê de ele não ter ligado ainda. Não ficamos infelizes se um amigo quiser sair com outros amigos. Não nos consideramos donos de nossos amigos como acaba acontecendo nos relacionamentos afetivos.

Escolhemos um amigo para trocar ideias, para rir juntos, para filosofar sobre a vida. A verdade é que respeitamos um amigo muito mais do que respeitamos nossos parceiros afetivos. Pense em como seria se tratássemos nossos parceiros afetivos como tratamos os nossos melhores amigos com menos expectativas, menos cobranças e muito mais respeito por sua individualidade. Pense em trocas mais equilibradas, onde o dar e o receber fluem de forma mais harmoniosa. Pense em uma relação com menos medo de perda e mais carinho verdadeiro, com menos palavras e mais gestos significativos. Perece bom, não parece?

Para que isso seja possível, precisamos aprender a nos ver como inteiros. Enquanto continuarmos nos sentindo metades, não seremos capazes de ser amigos de nossos parceiros afetivos e continuaremos agindo baseados no desejo de controlar o outro, no medo de perdê-lo. Enquanto formos "metade", precisamos que o outro seja a outra metade. Simplesmente não podemos permitir que ele seja apenas quem é. Não há como respeitá-lo.

Assim, dedique sua energia em fazer amizade com a sua solidão. Saiba que a solidão é uma terra úmida e fértil. Plante nela as sementes da sua individualidade, até que dali brote o fruto sagrado da inteireza. Faça com que a sua inteireza brote das profundezas da sua úmida e escura solidão. E assim, inteiro, procure um amor amigo.

Detalhe: ele precisa ser inteiro também!

• 10 •

Ouça o que seu corpo tenta lhe dizer

Os desafios da vida moderna são cada vez maiores. Pense nisso, hoje uma criança já nasce anunciando sua chegada na maternidade pelo MSN, ouvindo seu próprio choro recém-gravado em um iPod de última geração, fazendo plano de carreira e pagando a primeira parcela de seu MBA. Afinal, não há tempo a perder!

Hoje em dia, todos nós viramos "super". Deixamos de ser meramente humanos e fomos virando, aos poucos, "super-homens" e "supermulheres". Em algum ponto de nossa caminhada, acabamos acreditando que tínhamos de ser sobre-humanos. Deixamos de prestar atenção aos nossos limites, como se respeitar os limites fosse sinal de fraqueza ou incompetência. Assim, seguimos em frente, fazendo sempre mais, e mais, e mais. Fazemos o que for necessário, não importa o que custe.

Mas custa. Custa a sua saúde. Aos poucos, fomos deixando de perceber que existe um ritmo interno, o ritmo de cada um, que precisamos respeitar se quisermos nos manter saudáveis. Fomos nos forçando além dos limites, exigindo cada vez mais de nós, um pouquinho por vez, sem perceber. Sem outra saída, nosso corpo teve de entrar nesse jogo. Acredite, o corpo é nosso amigo e aliado, ele se sacrifica por nós, por nossa saúde mental, por nossa alma.

Já que estamos cegos e surdos para perceber o óbvio, que estamos nos desrespeitando diariamente ao brincar de super-homens, o corpo começa a nos enviar sinais, com o intuito de nos ajudar a recuperar a razão. Assim, surge uma dorzinha de cabeça aqui... um torcicolo lá... uma azia... uma tonturinha.

Ingênuo, o corpo achou que bastaria essa sinalização para que olhássemos com mais carinho para nós mesmos, para que percebêssemos que precisávamos nos alimentar melhor, dormir melhor, diminuir o ritmo. Para perceber que nossa agenda também precisa ter espaços reservados para o nosso relaxamento, contemplação, alegria e paz. A dor era uma sirene, enviada amorosamente por nosso corpo com o intuito de nos despertar.

– *Mas o que é uma "dorzinha" para um super-herói?* – Suportamos o desconforto e seguimos heroicamente em frente, nos sentindo ainda mais valorizados por continuar nossa árdua jornada diária, mesmo com dor. Sem outra alternativa, o corpo precisa intensificar os sinais. E assim surgem enxaquecas, problemas mais sérios nas costas, hérnias de disco, úlceras, labirintites! É o corpo gritando – *Parem! Vocês estão malucos? O que estão fazendo consigo mesmos?*

Muitas doenças da atualidade são tentativas desesperadas de nosso corpo de trazer alguma sanidade sobre nossas escolhas cotidianas.

Vejo muitas pessoas com problemas crônicos de saúde, indo de médico em médico, se intoxicando com medicamentos, sem obter o êxito desejado. É claro que é preciso ir ao médico, uma vez instalado um problema que precisa ser tratado. Mas a meu ver não perderíamos em nada se, paralelamente ao tratamento recomendado, tivéssemos um bate-papo amigável com nós mesmos e nos perguntássemos: – O que isso quer me dizer? Onde tenho extrapolado meus limites? Onde tenho me desrespeitado?

Sente-se, desfrutando de uma deliciosa xícara de chá, lado a lado com seu corpo, e ouça o que ele tem a lhe dizer. Pare e ouça, de verdade! Pergunte à sua enxaqueca o que ela quer lhe dizer. Pergunte às suas costas por que andam tão tensas, pergunte a seu estômago o que você anda engolindo que está lhe fazendo tão mal. Ouça o que seu corpo vem tentando lhe dizer. E refaça suas escolhas.

Nada vai valer a pena se roubar de você o bem-estar, a alegria de estar vivo e saudável.

• II •

Quando o mal bate à sua porta

Quem nunca foi feito de bobo ao menos uma vez na vida? Quem nunca foi enganado por alguém... traído... ferido... humilhado talvez? Quem nunca saiu para passear com um meigo cordeirinho, de pelos brancos como a neve, e acabou caindo na boca do lobo mau de olhos vermelhos e baba maldita?

Confesse... uma vezinha ao menos já deve ter acontecido com você. Cada um de nós já passou por uma situação como essa na vida. Eu vejo, todos os dias, coisas assim acontecerem. Vejo pessoas serem feridas por outras, cujos valores seriam impublicáveis. Por que isso acontece? Por que as pessoas se permitem ser enganadas assim?

No meu entender isso acontece porque nos faltam basicamente três coisas. Três qualidades antilobo mau: Maturidade, Sabedoria e Autoestima.

O problema é que não nascemos com tudo isso, vamos conquistando cada qualidade dessas aos poucos, na medida em que caminhamos pela vida. Quanto mais amadurecemos, mais sábios nos tornamos, vamos aprendendo a perder a ingenuidade, a reconhecer e evitar os perigos. Assim, acabamos aprendendo a reconhecer o cheiro de lobos maus. É um cheiro ácido, um pouco enjoativo, uma mistura de tabaco, estrume e fel, que traz um amargor à nossa boca e um descompasso ao coração.

Nem todos têm, logo de cara, um bom olfato; assim, é impossível evitar sofrer uma queda ou outra de vez em quando. É impossível evitar alguns encontros com aquele monstro medonho e sua boca fedida, ornada por uma fileira de dentes afiados. É impossível passar pela vida sem um ou outro arranhão.

Ok, o arranhão aconteceu, a mordida está ardendo na sua pele... A questão é: O que fazer depois disso? O que fazer quando percebemos um animal horrendo e cheio de dentes rasgando a nossa pele sem dó? O que fazer ao perceber que fomos enganados, feridos, maltratados? O que fazer quando alguém trai nossa confiança, nosso maior bem, ingênua e docemente depositado em mãos, ou patas, erradas?

O primeiro impulso é bem ruim, acreditem. Primeiro vem uma vontade de matar a nós mesmos. "Como puuude ser tão idioootaaaa?" E depois, uma vontade de matar o lobo. "Cadê o lenhadoooor?" (aquele que na história da Chapeuzinho Vermelho ajudou Chapeuzinho a livrar-se do lobo, lembra?).

Em um primeiro momento, queremos acabar com o lobo maldito, arrancar sua pele, matá-lo, esquartejá-lo! – se você já foi atacado por um lobo, saberá do que estou falando. Mas será que vale a pena? Vai mudar o que já aconteceu?

Se fizermos isso, não estaremos vivenciando uma outra traição? Não estaremos traindo a nós mesmos, os nossos valores, as nossas crenças? Será que temos de deixar de ser quem somos, só porque um bicho peludo agiu de forma ruim?

Ah, quer saber? Não se traia. Não se abandone. Não se puna pelo que ocorreu nem fique aprisionado em uma tentativa de punir o outro. Resista à tentação de se vingar. Isso aprisiona você.

Use o ocorrido para aprender. APRENDA! É a única coisa que poderá evitar que isso se repita. Aproveite a proximidade do lobo e dê uma boa cheirada nele, inspire profundamente aquele odor assustador e registre-o em suas células olfativas, pregue em cada uma delas uma plaquinha vermelha com a palavra PERIGO!!!

Perceba qual foi a sua participação em permitir que aquilo lhe acontecesse (não há vítimas, apenas falta de consciência), e siga em frente. Não permita que ninguém, ou nenhuma situação, mude a crença positiva que você tem a seu respeito. Se o outro mentiu, traiu, feriu... foi "ele" quem fez isso, e será ele que terá de conviver consigo próprio por cada momento de sua odiosa vida. Não siga o mesmo caminho.

Apenas afaste-se, o máximo que puder. Corte todas as possibilidades de essa pessoa ferir você novamente. Vire a página, volte a prestar atenção em sua própria respiração, em seu próprio Ser, volte a criar a sua vida como acredita que ela deva ser.

Não se torne um lobo também, por favor, não faça isso. Digo isso, porque sei que todos nós temos também uma parte "lobo" (ninguém é só "cordeirinho", acredite!). Mas não a desperte por vingança. Não por vingança. Se um dia você a trouxer à tona, se quiser sentir a pele de seu lado lobo, que seja para proteger você, e não para atacar. Que seja para te fazer correr livre e selvagem pelos campos, e não para abocanhar. Que seja para te fazer sentir o prazer da vida, e não para matar!

O mundo já tem lobos demais, um bando de gente que baba e morde sem razão, mas no final das contas o que de verdade importa é quem cada um de nós escolhe ser. Esse é o único lugar onde podemos ser livres de verdade. Escolher está além de "reagir". Se você reage, não está escolhendo, pense nisso. E se não escolhe, não exerce a sua liberdade.

Escolha continuar sendo quem você é, não importa quais sejam as escolhas das outras pessoas!

• 12 •

O Sabotador que mora dentro de você

A vida, como você bem sabe, por melhor ou mais equilibrada que seja, sempre nos brinda com momentos de desafio. Não há como fugir deles.

Mas, como se não bastasse termos de lidar com esses desafios externos, temos ainda de encarar outro desafio, talvez não tão evidente, um desafio que vem de dentro de nós, e que muitas vezes se esconde em nossas profundezas de maneira tão disfarçada que mal o reconhecemos. Estou falando do Sabotador Interno.

Para ajudar você a entender isso, sugiro que pense em quantas vezes na vida você quis algo, conscientemente, mas sem perceber acabou fazendo algo que ia exatamente contra aquilo que queria. Pense naquelas vezes em que, apesar de saber que está acima do peso e querer recuperar sua saúde emagrecendo uns quilos, você atacou o prato de batatas fritas, ou o bolo de chocolate. Pense nas vezes em que você queria conquistar um emprego, mas na entrevista ficou simplesmente mudo e não conseguiu mostrar nem 20% da sua capacidade. Pense nas vezes em que você tentou se controlar, mas acabou tendo uma explosão de raiva no lugar e no momento inadequado.

O que quero dizer é que existem muitas partes de nós mesmos. E que nem sempre elas estão em acordo. E que uma dessas partes, o sabotador interno, definitivamente não está ao nosso lado. Ele se esconde, nos engana, e, sempre que pode, puxa o tapete debaixo de nossos pés.

Esse sabotador existe porque ainda temos muitas crenças distorcidas, que trazemos de nossa infância. Essas crenças foram construídas a partir da maneira como, lá atrás, achamos que funcionava o mundo ao nosso redor. Quando crianças, muitas vezes acabamos acreditando que não merecíamos ser amados, valorizados, reconhecidos.

Nós nos sentimos tantas vezes "maus", nos sentimos tantas vezes "falhos", "errados", "imperfeitos", que uma parte de nós acabou achando que não merecemos agora receber o que a vida tem de belo e bom. Essa parte acredita que merecemos sofrer, e gentilmente nos ajuda a ir nessa direção, estragando nossos planos mais belos, pisando sobre nosso amor e rindo de nossas tentativas de crescimento.

Acredite ou não, esse sabotador é seu servo. Esse sabotador serve você fazendo com que as suas crenças se tornem reais. Logo, se em sua vida estiverem acontecendo muitos atos de autossabotagem, você precisa rever as crenças que tem a seu próprio respeito. Precisa fazer um trabalho de autoconhecimento, jogar fora aquilo em que já não acredita mais, construir uma nova visão de si próprio. Precisa aprender a ver a si mesmo como uma pessoa merecedora de todas as coisas boas que a vida tem a oferecer. Precisa confiar mais em você mesmo, na sua capacidade de criar uma vida mais harmoniosa.

Nós somos os criadores de nossa vida. Podemos criá-la a partir da luz clara da nossa consciência; ou a partir dos atos inconscientes desse sabotador interno. Quando criamos inconscientemente, acabamos achando que não fomos nós que fizemos aquilo, acabamos tendo a tendência de nos sentir vítimas da vida ou de alguém. Não é verdade. Você é seu próprio salvador tanto quanto pode ser seu próprio algoz.

É preciso mudar, libertar-se. Pegue uma lanterna, proteja-se com o manto da verdade e embarque nessa busca sagrada pelo seu sabotador. Ele mora nas suas profundezas. E, quando o encontrar, converse com ele. Conte a ele a nova pessoa que você é agora e dê a ele outra função em sua vida, plantando em seu inconsciente crenças positivas.

Lembre-se de deixar com ele a sua luz, para que seu brilho dourado o ilumine, o transforme e o cure.

• 13 •

Não deixe para depois

Preguiça, sentimento que às vezes se agarra em nossos pés, tornando impossível qualquer movimento. A gente vai empurrando aquela coisa grudenta (sim, porque a preguiça tem uma espécie de cola verde e "melequenta"), tentando sair daquele estado letárgico, mas às vezes é tão difícil. Acabamos nos entregando e concordando em "deixar para lá", tendo que lidar mais tarde com a culpa inevitável de termos traído a nós mesmos.

Sim, porque diga o que quiser, a preguiça nos faz sermos menos do que poderíamos ser!

Bem, antes de condenar a tal preguiça, é bom você avaliar se esse é mesmo o seu caso. Muitas vezes o que pode parecer preguiça nada mais é do que um pedido lícito de uma parada saudável e merecida. Muitas pessoas são tão aceleradas que acabam desrespeitando os próprios limites. São "fazedores compulsivos". Se esse for o seu caso, com certeza será saudável parar de vez em quando e simplesmente se permitir não fazer nada. Adiar um compromisso pode, sim, ser saudável! Não se exigir tanto, ser mais maleável, mais brando, é uma verdadeira bênção para pessoas que se cobram tanto assim.

Mas se você é dessas pessoas que sempre deixam para depois, para a última hora, e que sentem que têm de se arrastar toda vez que precisam concluir algo, olhe disfarçadamente para trás e veja se não tem uma gosma verde agarrada em seus pés. Quanto maior for a criatura, mais enroscado você estará na vida. Essa criatura possui poderes mágicos capazes de perturbar qualquer um. Tem o poder de fazer as contas se atrasarem, os papéis se acumularem, a desordem crescer assustadoramente ao nosso redor. As decisões de vida vão sendo adiadas, as oportunidades (tão preciosas) acabam sendo desperdiçadas, e depois de um tempo vamos perdendo a capacidade de acreditar que podemos mudar o caótico panorama à nossa volta.

Sentimo-nos cada vez menores perto de tudo o que precisaria ser transformado, e mais uma vez permitimos que a preguiça nos convença a começar amanhã, ou talvez segunda-feira, o dia preferido da horrenda criatura!

A preguiça tem oito patas, cheiro de pão de queijo quentinho, tem a maciez de um cobertor felpudo em dia de frio, se disfarça de abraço de gente amada. Sussurra em nossos ouvidos promessas de soluções mágicas que não exigirão esforço nenhum. Ah... Eu bem que queria ter poderes mágicos! Você não?

O que a preguiça esconde é que ela nos faz perder a saúde, nos torna gordos e lentos, nos mostra o mundo como um enorme emaranhado, nos convence de que não seremos nunca capazes de desatar tantos nós, nos envolve como a aranha que tece fios e fios ao nosso redor para nos devorar mais tarde, porque até a aranha tem preguiça, acreditem!

Se é assim que você anda se sentindo. Se olha em torno e vê coisas demais precisando ser transformadas, se anda se sentindo incapaz de mudar tudo isso, mas ainda tem o desejo de uma vida mais organizada, é sinal de que ainda não foi devorado. Acorde antes que a aranha venha buscá-lo para seu banquete final!

Para libertar-se – preste bem atenção agora –, você precisa mudar a crença que tem a seu próprio respeito. Pare de reafirmar o tempo todo que você "não consegue mudar". Você pode! Prove isso a si mesmo.

Comece pelo pequeno. Em vez de se prometer arrumar todas as suas gavetas, jogar fora todos os papéis, pagar todas as contas, ir à academia todos os dias e perder os 5 quilos que vêm incomodando você (até amanhã), escolha algo por onde começar. Uma única gaveta já está bom. Escolha algo que você acredite poder fazer. Se, ao término da semana, a tal gaveta estiver arrumada, o bicho gosmento já vai ter recebido uma pequena punhalada. Uma voz dentro de você vai poder dizer: "Veja, eu prometi e fui capaz de cumprir! Não sou tão preguiçoso assim!" – a sensação é boa, e dá vontade de sentir mais.

A preguiça só pode ser vencida assim, passo a passo, como quem se concentra para andar sobre uma corda, com consciência e sem pressa. É um avançar constante e seguro em direção à liberdade de ser quem você realmente é.

• 14 •

Confiar é aprender a "fiar com" o Universo

Muitas pessoas têm uma enorme dificuldade em confiar. Não confiam nas pessoas. Não confiam na vida. Na verdade, não confiam em si mesmas.

Não é difícil reconhecê-las. Em geral possuem oito olhos, dois para cada direção, buscando sempre uma visão de 360 graus, na tentativa de antecipar qualquer possível ataque. Tantos olhos acabam embaralhando sua visão, essas pessoas acabam vendo coisas demais e tropeçando na própria sombra. Também é comum que andem de maneira quase mecânica, arrastando-se preocupadamente por onde passam. Não poderia ser diferente, uma vez que carregam uma pesada armadura para protegê-los dos golpes que os oito olhos porventura forem incapazes de evitar. Estão sempre armadas e prontas a se defender.

É claro que se tornam lentas, pesadas, incapazes de dançar, correr ou aproveitar a alegria espontânea de um momento de descontração. Acabam enferrujadas, sem conseguir fluir livremente com a vida, sem conseguir aproveitar aqueles momentos únicos, muitas vezes simples, que existem na vida de todas as pessoas, momentos de leveza e alegria que fazem valer a pena a aventura de viver.

Em geral, as pessoas assim desconfiadas culpam alguém por sua vida tão limitada. Pode ser que tenham sido feridas um dia. Pode ser que tenham se sentido traídas, enganadas, apunhaladas.

Não importa o que tenha nos acontecido no passado, não importa as experiências que tenhamos vivido, a verdade é que somos nós que continuamos escolhendo nos manter ligados a isso. Não é preciso permanecer atados a algo que nos faz sofrer.

Se você for uma dessas estranhas criaturas com oito olhos, enlatada em uma armadura, vá a um supermercado agora mesmo, compre o maior abridor de latas que encontrar e com ele arranque de si essa pesada armadura. Volte para a sua casa, como a lagarta que se fecha no silêncio de um casulo, e lá dentro, longe de tudo e de todos, feche os olhos. Todos eles. Os oito!

E saiba... quando todos estiverem fechados, um olho interno se abrirá. E esse olho enxerga coisas que os outros não veem, enxerga que existe uma sabedoria maior em tudo o que acontece, sabe que o Universo está o tempo todo, ao nosso lado, fiando um manto de sabedoria ao nosso redor. Cada pequeno evento de nossa vida é como um ponto nesse manto sagrado, tecido para o nosso crescimento e evolução.

Confiar é aprender a enxergar a harmonia que existe por trás do que nos parece absolutamente caótico.

Por trás da dor, da frustração e até mesmo da traição, está uma oportunidade de nos tornarmos maiores, acredite.

Quando você parar de olhar para fora tentando controlar o mundo, você começará a enxergar a si mesmo. E quando finalmente conseguir isso, será capaz de reconhecer a sua beleza, a sua divindade, as suas asas. Será capaz de unir-se aos movimentos do Universo. Ao descobrir que tem asas, se lembrará de que é capaz de voar. E será capaz de se entregar ao vento, às estrelas, à vida.

Aprenda, na quietude do casulo, a reconhecer suas qualidades e a confiar em si próprio, a confiar nessa força maior que nos envolve o tempo todo.

E então, quase magicamente, você se descobrirá expandindo sua confiança nas outras pessoas, no mundo, na vida. A confiança só pode existir como um reflexo da nossa capacidade de confiar em nosso próprio Eu.

• 15 •

Pratique a tolerância e colha paz

Tolerância. Ah... como é difícil colocar em prática a essência dessa palavra.

Por que é tão difícil tolerar que alguém entre na frente do nosso carro no trânsito? Por que é tão difícil tolerar quando alguém comete um engano? Tolerar as características de quem convive conosco. Tolerar um atraso. Um esquecimento. Um erro. Tolerar as diferenças. Tolerar as frustrações. Tolerar as falhas humanas. Tolerar a nós mesmos?

Pense nisso por um instante. Pense na sua falta de tolerância. Se não souber do que estou falando, preste atenção naquelas vezes em que uma mínima ação do outro despertou um monstro assassino em você. Algo tem de estar errado nisso! Será que a ação do outro era assim tão grave?

Muitos de nós parecemos bombas-relógio prestes a explodir. Por onde andamos somos perseguidos por um tique-taque infernal, o que me faz lembrar do Capitão Gancho. Só que, diferentemente daquele homem barbudo, "horrível e mau", nos identificamos com os "mocinhos". (Você já pensou que talvez o Capitão Gancho também achasse que Peter Pan fosse o vilão da história?)

Vou lhe dizer uma coisa. É muito doloroso quando percebemos que carregamos um vilão dentro de nós. É difícil perceber que agredimos e ferimos os outros porque somos ignorantes a nosso próprio respeito, perceber que temos uma dificuldade enorme em olhar para o espelho e ver o reflexo do monstro adormecido dentro de nós.

Mas enquanto não formos corajosos o suficiente para fazer isso, continuaremos por aí agindo como granadas humanas. Basta que alguém distraído puxe o tal pininho e... bummmmmm... explodimos! E justificamos a explosão com uma elaborada rede de argumentos racionalmente plausíveis. A nossa mente pode justificar qualquer coisa, até mesmo uma explosão. E, na distorcida lógica da mente, a culpa é sempre do outro.

Para que você seja capaz de tolerância, é preciso ir além da mente. É preciso que você recupere o acesso ao seu coração. Anda faltando amor em nossas vidas.

Eu convido você a exercitar essa palavra em sua vida. A tolerar quando alguém esquece a mão na buzina porque você se distraiu e perdeu o tempo do semáforo. A tolerar quando perceber que alguém que você ama está irritado. A tolerar seu próprio mau humor e a se lembrar de que todos acordam mal-humorados de vez em quando.

Não quero propor que você tolere abusos ou atos agressivos contra você ou alguém. É claro que muitas coisas não devem ser toleradas e eu conto aqui com o seu bom-senso. Mas o que eu vejo é que andamos intolerantes demais. Estou falando da nossa incapacidade de nos mantermos em uma sintonia de paz. Da nossa incapacidade de compreender que algumas coisas não nos pertencem. A irritação do outro não nos pertence. A agressividade do outro não nos pertence. Por que nos conectarmos com o que não é nosso?

Deixe com o outro o que é do outro, você não precisa entrar na mesma sintonia. Isso tem a ver com tolerância.

Ao praticar a tolerância, talvez você comece a semear paz ao seu redor. Você precisa muito de paz, acredite.

Talvez isso comece como um pequeno jardim, pequenas flores brancas surgindo aqui e ali. Mas não despreze seu potencial transformador. Perceba que todos nós somos como prismas multifacetados. Ao praticar a tolerância você estará emitindo inúmeros reflexos dessa qualidade ao seu redor e então, quase magicamente, talvez você comece a perceber que as pessoas à sua volta começam a se tornar tolerantes também.

• 16 •

Jamais abra mão da sua alma

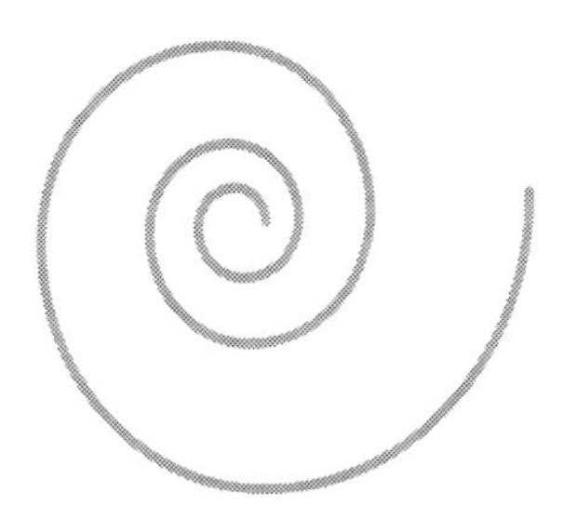

A vida é surpreendente. Vez ou outra, quando menos esperamos, nos presenteia com um de seus movimentos feitos da mais pura poesia. Talvez nem todos se deem conta disso, eu sei. Muitos de nós somos diariamente tragados por uma correnteza interminável de obrigações e afazeres que acaba levando com ela o que temos de mais precioso, a nossa alma.

Uma observação: quando digo "alma" não me refiro a nenhum conceito esotérico ou religioso. Quando digo "alma" me refiro àquela parte de nós que sabe que existe um sentido maior para essa nossa existência do que trabalhar, pagar contas, comer e contar os dias até que possamos viajar por alguns dias para um "resort" bacana durante as tão sonhadas férias.

É a "alma" em nós que nos permite seguir pela vida sem nos perdermos da inocência da criança que fomos um dia. É claro que é necessário que percamos um bom tanto da ingenuidade para viver em um mundo como o que vivemos. Mas a inocência... ah! a inocência, essa nunca deveria ser deixada para trás. É ela que nos permite acreditar em nós mesmos, nas pessoas, na vida. Não importa quantas vezes tenhamos nos ferido. Não importa o número de cicatrizes que enfeitem nossa pele humana tão cheia de falhas e imperfeições. Não importa que tenhamos encontrado ogros e dragões de mau hálito todas as vezes em que decidimos dar um passeio pela floresta. A inocência nos diz que podemos continuar a arriscar!

Sem risco, não há vida. Cabe a cada um de nós reescrever, a cada dia, o final de nossa história. Podemos usar o nosso passado como uma boa desculpa para nos tornarmos amargos, fechados, cheios de defesas, irônicos, sarcásticos e até mesmo cruéis. Mas podemos também aceitar que tudo o que vivemos foi parte fundamental da estrada que nos trouxe a este exato momento, agradecer e olhar para o nosso futuro como um artista olha para uma tela em branco; despejando sobre essa brancura os nossos sonhos, inclusive os que parecem impossíveis. Mesmo se não puderem ser realizados, os sonhos tornarão a nossa vida mais colorida. Por que viver em preto e branco quando existem tantas cores à nossa disposição na palheta da vida?

Estou falando de escolhas, estou falando que você pode mudar a sua vida quantas vezes quiser. Não existe nada que aprisione você, a não ser as crenças que você mesmo construiu. Tudo pode mudar de um momento para o outro.

Zapt! Um pequeno desvio no caminho e uma nova vida se desdobra à nossa frente. Tudo pode mudar se ao menos você puder sair dos trilhos conhecidos e confortáveis por um precioso instante de segundo – Eu sei que você pode!

Não há como criar um futuro diferente se você continuar percorrendo sempre os mesmos caminhos. Eu sei que é difícil. Como você, fui educada para seguir as regras, agradar a todos e me comportar como uma menina de "boas maneiras". Fui educada para ser bem recebida por São Pedro, um homenzinho careca com asas de anjo, que fica em frente àquele enorme portão que existe na entrada do céu. E mais, fui educada para ser sempre solícita. Assim sendo, já que ia para o céu, deveria levar comigo uma latinha de óleo lubrificante para que o portão não fizesse aquele horrível rangido e incomodasse o divino cântico dos anjos.

Eu juro que tentei. Por muito tempo tentei fazer sempre tudo certo, e até consegui muitas coisas assim. Mas como cansa...

Além do cansaço, fui descobrindo que essa forma de ser me tornava uma verdadeira chata (difícil assumir isso em público, mas tenho com você um compromisso de ser verdadeira). Além disso, seguir sempre todas as regras fazia as minhas costas doerem. E meus ombros aos poucos foram ficando arqueados de tanto carregar aqueles enormes livros de certos e errados.

Um dia olhei de relance a minha imagem no espelho e, por um instante, vi a triste imagem do Corcunda de Notre-Dame em uma versão feminina e cabeluda. Confesso, foi assustador. Foi quando decidi deixar para trás todas aquelas cobranças. Sacudi os ombros e, mesmo sabendo que talvez São Pedro ficasse bravo comigo, decidi ser apenas quem eu poderia ser, eu mesma. Humana e cheia de imperfeições.

Talvez nem todos gostem de mim, eu sei. Talvez eu me perca de vez em quando, como acontece quando visitamos um país estranho. Talvez a vida não seja tão segura e confortável como eu gostaria. Mas de que adianta viver na gaiola mais confortável do mundo? Todos nós nascemos com asas e recebemos o dom de voar. Essa é a nossa verdadeira natureza. A minha. A sua.

Existe uma metáfora muito explorada por Leonardo Boff. Ele até escreveu um livro com esse título: A águia e a galinha. A ideia que ele transmite é mais ou menos assim:

Todos nós somos águias! Eu sou águia. Você é. Todos somos. Somos dotados de capacidades que encantariam a todos os deuses do Olimpo. Somos seres dotados de uma força incrível, poderosos, capazes de enxergar tão longe quanto a águia que vive no alto da montanha. Mas muitas vezes nos sentimos e comportamos como galinhas que mal alçam voo acima das suas companheiras que moram no galinheiro, desesperadas por garantir seu grão de milho diário. Apesar de todo o potencial disponível, muitas vezes desperdiçamos toda uma vida sem nos erguermos um palmo acima do chão. Somos águias com amnésia, esquecidos, empobrecidos. Somos reis, mas muitas vezes nos sentimos pobres como mendigos.

Se eu pudesse, faria com que a memória voltasse a você. Bem, não tenho uma varinha de condão. Mas tenho esse teclado, um pouco de bom humor e ousadia suficiente para brincar com as palavras. Confio que algo em você se agite ao ler estas linhas, que você se aposse da sua verdadeira natureza e descubra que possui asas fortes o suficiente para erguê-lo acima dos desafios cotidianos que muitas vezes parecem grilhões atando seus pés ao chão.

Espero ser capaz de despertar a mim mesma também. Quem sabe, despertos, possamos voar juntos até São Pedro, contar-lhe umas boas piadas, rir todos e assim garantir um passeio pelo céu de vez em quando?

• 17 •

A poesia da velhice

Neste fim de semana, caminhando em um parque da cidade de São Paulo, encontrei uma joia rara, o Sr. Dílson (mudei o nome para preservá-lo). Oitenta e um anos, todo arrumado, boina na cabeça, sentado em um banco de concreto, o Sr. Dílson serenamente tocava seu violão.

Mesmo na pressa de minha caminhada, aquela cena me encantou. Parei. Fiquei um pouco por perto, ouvindo, tinha tanta calma naqueles acordes, uma paz, era um tocar sem pressa, o tocar de quem já viveu muito e sabe que pressa não combina com poesia. Fui me aproximando aos poucos, sem querer invadir, sentando cada vez mais pertinho, até que estava lá, bem ao lado dele, me deliciando com a música e com o inusitado daquele momento.

Passei a observar as pessoas. Algumas passavam direto pelo violão e pelas mãos encantadoras que o tocavam. Outras sorriam, algumas paravam e esperavam que ele terminasse uma música para parabenizá-lo.

– O que existia de tão encantador no Sr. Dílson, afinal? – fiquei me perguntando.

Vida!

Mesmo com a idade, ele continuava vivo! Isso torna uma pessoa muito brilhante, acreditem. Tinha um brilho especial naqueles olhos meigos, naquele sorriso acanhado, naquela música que brotava não só de seus dedos, mas de seu coração. Depois de um tempo por lá, puxei conversa. Gentilmente, ele me contou sobre sua paixão pela música, sobre o quanto praticava todos os dias e sobre todas as músicas que ainda não sabia tocar bem. Vejam, aos 81 anos, ainda aprendendo algo, treinando, querendo saber mais. Preciso dizer mais alguma coisa? Aos 81 anos, sendo gentil com uma estranha, querendo me oferecer algo, uma música, um carinho.

Todos vamos envelhecer, é uma verdade.

Mas, que arte... envelhecer sem perder a alma é uma das coisas mais lindas. Envelhecer sem perder a doçura... Eu pensava nisso enquanto era tocada pelos doces acordes daquele violão.

Eu queria envelhecer assim, "molinha", sem me tornar dura e cheia de cascas, sem amargura, por mais que tenha tido momentos de dureza em minha vida. Eu queria envelhecer me sentindo como uma menina que ainda tem muitas coisas a aprender.

Obrigada, Sr. Dílson!

• 18 •

Sem medo do caos

Outro dia fui a uma livraria; gosto do cheiro de livrarias, de passar a mão pelas capas dos livros, da expectativa que cada título sacode dentro de mim.

Isso começou cedo, quando eu era ainda uma menina. Na parte de trás da casa onde eu morava existia uma pequena edícula onde ficava a biblioteca que tinha sido de meu avô. O móvel antigo, riscado pelo tempo e cheirando a naftalina, continha todo tipo de livros, de Mark Twain a Stendhal.

Impossibilitada de conviver com meu avô, transformei aquela biblioteca em um mágico elo entre nós. Toda vez que escolhia um livro era como se me sentasse em seu colo e o ouvisse contar as mais belas histórias. Essa sensação nunca passou, e, hoje, todas as bibliotecas ou livrarias são, de certa forma, como a biblioteca de meu avô.

Voltando à livraria... tirei um livro da prateleira ao acaso, creio que era *A história da loucura*, de Michel Foucault. Abri em uma passagem que contava sobre uma máquina inventada na Idade Média, uma máquina para curar a loucura!

Ouçam que interessante. Certos de que o trabalho era a cura para esse mal, a máquina era feita da seguinte forma. Eles cavavam um buraco bem grande, um poço, colocavam o "louco" lá dentro e começavam a jogar água para dentro do poço. Se o "louco" não trabalhasse, bombeando a água para fora, morreria afogado!

Por um instante, pense naqueles momentos da sua vida que são praticamente enlouquecedores. Quando não sabe por qual caminho seguir, não sabe com o que quer trabalhar, não sabe em que relacionamentos quer ou não estar, não sabe para onde ir... ou quem é.

Isso parece uma loucura digna de ser tratada! Em pleno século XXI, em uma época em que temos acesso a tantas informações. "– Como assim, você *não sabe?*"

Não raro, quando isso acontece, perdemos a compaixão por nós mesmos e, como cruéis capatazes, passamos a exigir respostas. E caso estas não venham rapidamente, simplesmente entramos em nossas próprias máquinas de "curar loucura"!

"– Vá trabalhar que isso passa!" – dizemos a nós mesmos. "– Entre na droga da máquina de curar loucura! Faça qualquer coisa, menos ficar no meio desse horrendo lugar de não saber. Fuja do vazio!"

"– Faça!... Faça!... Faça! ...Faça!... Faça!..." – Esse é o som da nossa máquina, como se assim, a cada ação, bombeássemos um pouco de loucura para fora de nossos assustadores espaços vazios.

A verdade é que temos medo do caos, temos medo do que não sabemos, temos medo e sentimos angústia diante da falta de respostas que tantas vezes nos assombra. Tememos o que parece ser a nossa própria loucura, tudo o que foge do controle que aprendemos a associar à razão.

Como defesa, nos empurramos para fora de nós mesmos, fugimos do que acreditamos ser o "vazio enlouquecedor" e mergulhamos no mundo externo dos "mil afazeres", e assim acabamos saindo do único lugar onde as respostas poderiam nos encontrar.

Lá mesmo... naquele lugar de dúvida e caos, naquele lugar de não saber, no fértil vazio onde brotam as sementes da alma, é lá que tudo está. Naquele lugar que muitas vezes é uma mistura assustadora de sentimentos e percepções não organizadas, como inúmeras peças de um quebra-cabeça flutuando em uma daquelas câmaras onde os astronautas treinam para ir ao espaço.

Está tudo lá!

Se pudéssemos ficar, e juntar as pecinhas aos poucos. Se pudéssemos aquietar um pouco a mente, sem tantas cobranças, sem tanta tortura, sem tanto peso.

Se pudéssemos conviver com a nossa angústia de não saber, um pouco que fosse, se a pegássemos no colo como pegamos um bebezinho assustado, até que ela se acalmasse de encontro ao nosso peito.

Se pudéssemos escutar os batimentos do nosso coração, até que aquele ritmo de vida nos acalmasse... em breve saberíamos para onde ir.

Não há como não saber.

Se você estiver em meio a um problema não resolvido, se não souber para onde ir, ou o que fazer, se tiver esquecido quem você de verdade é, pare de tentar saber com tanta força. Permita-se "sentir". Sentir a si mesmo.

Sente-se no meio do não saber e observe. Observe a si mesmo, observe o mundo ao seu redor, e tranquilize-se.

Em breve algum sentido há de surgir. Inicialmente, como um alívio, o alívio de não ter de fugir de si mesmo... o resto... bem, o resto você terá de experimentar por si mesmo!

• 19 •

Ninguém muda ninguém

É incrível o número de pessoas que ainda desconsideram essa verdade. Entram em relacionamentos e se enganam, fingindo que certas características do parceiro estão lá quase por acaso, mas que com certeza essas coisas mudarão quando a fada boa do amor cantar sua canção de ninar para o casal apaixonado. Quase como se o amor fosse uma espécie de borracha gigante com a qual pudéssemos apagar do outro as imperfeições que tanto nos incomodam.

Isso não vai acontecer. Amor não é borracha!

Um dos maiores problemas que vejo nos relacionamentos atualmente está no fato de que as pessoas ficam tão desesperadas para encontrar um parceiro, que basta alguém as escolher para que se sintam imediatamente gratas por serem salvas desse horrendo destino: solidão. Com isso, nunca escolhem. Basta que sejam escolhidas. Se um sapo as escolhe, vira príncipe na hora.

E se foram escolhidas por alguém que tenha valores muito diferentes dos seus, as pessoas resolvem essa "pequena dificuldade" negando essas diferenças e dizendo a si mesmas que com o tempo isso irá mudar e, magicamente, os dois se tornarão parecidos, quase iguais.

O tempo vai passando e isso não acontece, e aquelas diferenças começam a incomodar. E em breve os dois estão desesperadamente tentando mudar um ao outro, como se essa fosse a saída para que a relação pudesse funcionar. Em geral, nesse processo, alguém se torna o cobrador, e o outro se torna o que é cobrado e sufocado.

Ambos vivenciam a frustração e a dor ao deparar com a dura verdade: o outro simplesmente não vai mudar. O outro não vai dar mais do que pode só porque você quer. O outro não vai aceitar menos do que acredita merecer só porque você quer!

Imagine que você seja uma pessoa doce e carinhosa e decida ter um bichinho de estimação. Você fica tão ansioso para comprar o bichinho que acaba comprando o primeiro que encontrou, um lindo peixe dourado em um aquário redondo. Você leva o aquário para casa todo feliz e o coloca em um lugar de destaque na sua sala. Mas aí a noite chega e você começa a se sentir só, sente falta de toque. Pega o peixe dourado e ... o coloca no colo.

Peixes não são muito de abraçar. Para falar a verdade eles parecem morrer quando os tiramos de seu mundinho particular. Entenda, não adianta querer colocar no colo um peixinho dourado, isso não vai funcionar. Se era tão importante para você afagar um bichinho, por que comprou logo um peixe? Poderia ter comprado um cachorro, um coelho, talvez um gato, se bem que a maioria dos gatos não são muito de afagos. Mas... um peixe????

Agora, se você já comprou o peixe, não espere que se transforme em um cachorro. Ele não irá latir ou se deitar no seu colo.

Loucura é o que vejo em muitos relacionamentos. Gente brigando por anos para transformar peixe em cachorro, tartaruga em águia, elefante em gazela. Gente perdendo um tempo precioso que não volta mais, tentando encontrar culpados onde não há culpa nenhuma.

A culpa não é do outro. Um peixe tem todo o direito de ser peixe, afinal. Nós é que precisamos ter mais clareza do que buscamos, aprender a ter mais calma e consciência em nossas escolhas e parar de agir desesperadamente por medo dessa tal solidão.

• 20 •

Sobre a delicadeza

Ontem estava um dia lindo. Sempre achei impossível ficar dentro de casa em dias assim, então calcei meus tênis e fui ao parque. A temperatura estava agradável, meu humor estável, tudo propício para um dia feliz.

Gosto de parques mais rústicos, desses de chão de terra, que me dão a sensação de que estou em uma trilha no meio do mato. Gosto também de caminhar em um ritmo forte, me dá a sensação de que faz bem às minhas pernas, que precisam abrir novos caminhos em minha vida. Eu já caminhava assim por uns quarenta minutos quando, de repente, algo saltou à minha frente, fazendo meu coração brincar de sapo saltador em meu peito. Que susto levei!

Parei e me dei conta de que era um pequeno macaco.

Um macaco... em um parque em meio a essa cidade enlouquecida, imaginem vocês que luxo! Parei na hora, esqueci de todas aquelas teorias que dizem que se paramos em meio ao exercício aeróbico deixamos de queimar calorias, blá, blá, blá... NADA era mais importante do que contemplar o macaquinho, que tinha dado um salto desesperado a fim de se unir a um outro colega peludo que o aguardava em um galho não muito distante de onde eu estava.

Fiquei lá parada, com cara de boba, achando aquilo a coisa mais maravilhosa do mundo. Uma coisa tão pequena, um macaquinho surgido do nada. Algumas pessoas paravam e contemplavam ao meu lado, mostrando a seus filhos os macaquinhos. Outras passavam direto sem nem mesmo mostrar curiosidade em saber por que tanta gente olhava naquela direção.

Coisas assim pequenas me interessam cada vez mais.

Aquela pitangueira perdida em meio à praça Benedito Calixto, as amoreiras carregadas da praça da Granja Julieta, as florzinhas que foram plantadas ao redor da Marginal Pinheiros. Tem mais coisas. O cafezinho no meio da semana com a amiga querida, o alpino que me dou de presente após o almoço, o sorriso que o manobrista distribui gratuitamente todos os dias, sem falhar nem uma vez sequer.

Estou enjoada de coisas grandes, sabe? Descobri que, quanto menor é a coisa, mais faz a nossa alma sorrir. Isso porque a nossa alma é delicada como a mais delicada das borboletas. Coisas grandes correm o risco de lhe esmagar as asas, ainda mais quando são atiradas o tempo todo em nossa direção. Para tocar a alma, a gente precisa de certa delicadeza, de certa ternura.

Outro dia li um trechinho de um livro que falava sobre a ternura. Acho linda essa palavra "ternura". O sentimento, então, é dos mais preciosos. Quando penso em ternura penso em cuidado, penso em carinho, penso em filhotes. Filhotes de homem ou de bichos nos fazem sentir ternura, talvez porque, quando estamos com um filhote, podemos abrir mão das armaduras que usamos no nosso dia a dia. Não precisamos nos defender de um filhote, que alívio, podemos simplesmente ficar lá e ser quem somos.

Perder a ternura é, a meu ver, coisa das mais graves. É perder a capacidade de ser afetuoso, é perder a capacidade de sentir compaixão, é prender a borboleta a um quadro com um alfinete, é endurecer o coração. Nunca deixe algo assim acontecer a você, não importa o que esteja vivendo.

Talvez, vez ou outra na vida, você se esconda do mundo ou das pessoas para se proteger. Mas nunca se esqueça de sua verdadeira natureza. E confie que a vida, doadora que é, sempre colocará em seu caminho algum sinal que o ajudará a recuperar a memória. Basta estar atento. Caminhe decidido pela vida se assim desejar, mas nunca deixe de olhar ao redor. Procure pelos macaquinhos, pelos pica-paus, pelos esquilos, pelas pitangas, amoras e jabuticabas. Não exercite apenas as pernas, ligue para um amigo querido de vez em quando só para exercitar a ternura em você.

Sorria mais vezes, fique atento aos pequenos e singelos gestos da vida. Sua alma estará lá, por trás de cada um deles, como uma borboleta de asas translúcidas, você verá!

• 21 •

Pegando a tristeza no colo

O peito apertado, um nó na garganta, uma vontade de chorar... quem já não passou por isso? Não importa se você é do tipo de pessoa que procura ajuda, ou daquelas que preferem se isolar, você pode, sim, fazer algo por você em um momento de tristeza.

A primeira coisa importante é se lembrar de que na vida tudo passa. Em breve, essa tristeza terá passado também. Lembrar disso faz com que consigamos colocar a tristeza em seu devido lugar, diminui sua intensidade e nos ajuda a observá-la de fora.

Não lute contra a tristeza. Se ela vier, abra-lhe passagem. Entre em contato e confie que, assim como veio, chegará o momento em que ela também irá. Pense que a tristeza é só um sentimento, como tantos outros. Ela não é você. É só um sentimento que está passando por você, como uma nuvem que passa no céu. Distancie-se para poder enxergar melhor, não se misture com a tristeza.

Muitas vezes, quando estamos tristes, costumamos imaginar que a nossa tristeza é maior do que a tristeza de qualquer outra pessoa. Mas isso não é verdade. Muitas pessoas sentem-se tristes como você, e sobrevivem, e renascem, naquele lugar que existe do outro lado da tristeza. A tristeza é como a queda de uma cachoeira, você a atravessa e descobre que existe um lugar mágico esperando por você do outro lado. Pense nas lágrimas como um bálsamo que cura feridas antigas. Desfaça os nós da sua garganta e deixe que o aperto no seu peito escorra para fora de você. Aceite a tristeza e a veja se dissolver nessa aceitação.

Estando triste, seja cuidadoso com você. Muitas vezes, com a desculpa de amenizar uma tristeza, nos ferimos ainda mais. Bebemos demais, comemos demais, utilizamos substâncias que causam dano ao nosso corpo, gastamos demais e esquecemos de que isso só nos deixará mais tristes. Preste atenção, e se estiver triste, trate-se com todo o cuidado e carinho de que for capaz. Faça um escalda-pés quentinho, coloque flores em frente a seu prato de jantar, ouça uma música bonita, faça uma prece. Mude essa sintonia a partir da aceitação e da suavidade que existe em você.

A tristeza existe para nos ajudar a adquirir consciência de que existe uma dor em nós. Só quando percebemos a dor é que podemos agir no sentido de transformá-la. Assim, a tristeza traz informações e sempre nos pede algum tipo de transformação.

Se você for corajoso o suficiente para ouvir o que a tristeza lhe diz, com certeza aprenderá muitas coisas sobre si mesmo, será capaz de atravessá-la e chegar nesse outro lugar... um lugar pleno de vida, alegria e amor. Pense nesse lugar esperando por você agora mesmo e deixe a tristeza levar você até lá.

• 22 •

O medo é a mão peluda na janela

Em tempos como os de hoje em dia, basta andar por aí e a gente vê o medo passeando por todos os lados. Medo com cara de medo, medo com cara de raiva, medo com cara de desprezo, medo com cara de superioridade, medo com cara de corrupção. Não importa a cara, não se engane, é tudo medo.

O medo tem seu lado bom. Afinal, se não tivéssemos medo, saltaríamos do oitavo andar com uma toalha amarrada nas costas, dando um grito reinventado de super-herói, só para testar se chegaríamos vivos lá embaixo. Se não tivéssemos medo, provavelmente nem estaríamos vivos a uma hora destas, o que quer dizer que o medo existe com uma função real: preservação da vida.

O problema, que se tornou praticamente uma epidemia nos tempos atuais, é que o medo ganhou dimensões desproporcionais. E tanto medo acabou virando pânico, e só quem já sentiu isso sabe o medo enorme que dá. E de tão assustador, as pessoas vão ficando cada vez mais acuadas, e se bobear já nem saem de casa, de tanto medo de sentir medo.

Se a gente pudesse sentar em uma nuvem fofa e segura lá no alto do céu e olhar para baixo, íamos entender bem melhor tudo isso. Íamos ver as pessoas correndo assustadas pra lá e pra cá, colidindo umas com as outras no meio do caminho. Íamos ver que todo mundo está correndo de lá pra cá de olhos fechados. E íamos pensar, por que não abrem os olhos?

As pessoas fazem como as crianças. Estão em suas camas e, de repente, ouvem um ruído. Se escondem embaixo do cobertor e lá se põem a imaginar monstros e dragões do mal sobrevoando suas camas, sedentos por sangue infantil. Se tivessem a coragem de olhar, veriam o passarinho assustado tentando encontrar a saída. (Isso aconteceu um dia comigo, eu tinha uns 6 anos e nunca vou esquecer o medo que senti do pobre passarinho.)

Se abrissem os olhos, enxergariam tudo tão diferente. Dariam de cara com a realidade. E se fizessem isso repetidamente, talvez até fossem capazes de sorrir daquele caos todo. A maioria das coisas que nos assustam é criação de nossas mentes perturbadas, acreditem.

Aquilo que nos assusta no mundo externo é um mero reflexo do que existe dentro de nós. Se dentro de nós existe amor, tendemos a ver o amor ao nosso redor. Tendemos a perceber, mesmo entre fatos não amorosos, a presença cálida desse sentimento que transborda do nosso coração. Pense no amor como uma luz. Quando manifestamos amor, a nossa luz se acende e o medo desaparece.

Da mesma maneira, se o nosso interior está imerso em ondas de medo, para onde quer que voltemos a nossa visão, lá estará o medo acenando para nós com sua mão peluda, aquela mesma mão monstruosa que eu tinha horror de imaginar aparecendo de repente na janela do meu quarto quando criança. O medo que sentimos, na maioria das vezes, é muito mais fruto de nossa imaginação do que de fatos reais, não se esqueçam disso. Sofremos pelo medo imaginário, muito mais do que pelo medo real.

Se mesmo em meio ao medo, formos capazes de manter viva nossa capacidade de avaliar a realidade, se pudermos manter vivo nosso coração, se formos capazes de manter nosso centro, nossa paz, se conseguirmos não ser engolidos por ele, então a nossa luz permanecerá acesa, a escuridão se tornará menos assustadora, e eis que de repente encontramos respostas, indicações, direcionamentos e saídas. Eis que somos ajudados pela racionalidade, pela coragem e pela força que dormiam em nós. Eis que nos tornamos maiores e mais sábios, tão sábios que agradecemos até mesmo ao medo por nos ter conduzido até esse lugar.

Não importa o tamanho do seu medo, abra os olhos e tente enxergá-lo bem de pertinho. Tudo fica mais fácil com os olhos abertos e os pés no chão. E quem sabe você ainda liberta o pobre passarinho...

• 23 •

Relacionamento... quando é a hora de deixar ir?

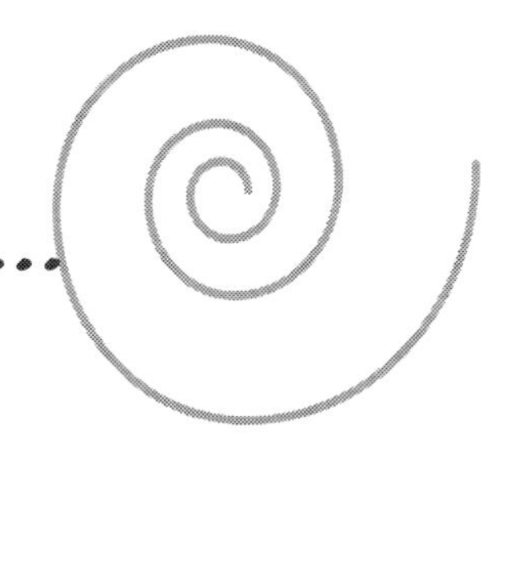

Fruto maduro que não é colhido, apodrece. Disso todos nós sabemos, pelo menos no que diz respeito a peras e maçãs. A natureza, sábia como é, possui a capacidade de reter, bem como a de deixar ir. Pense, por exemplo, em uma macieira. Ela retém a maçã em seus galhos até que ela esteja vermelha, bem cheirosa e suculenta. E se esse fruto não for colhido, ou derrubado por um pássaro mais ávido por comida, a maçã simplesmente cai.

Isso é o melhor para a árvore, que pode então se preparar para novos frutos, bem como para a maçã, que acabará se misturando com a terra, tornando-se útil, gerando novas árvores e fertilizando a terra, que nutrirá a árvore, que produzirá mais frutos, e por aí vai. Tudo tão perfeito!

Penso então no quanto nos afastamos de nossa natureza interna. No quanto paramos de escutar e respeitar aquilo que brota do lugar sagrado que existe dentro de nós. No quanto estamos surdos. E mais. Se não somos capazes de ouvir a voz de nosso coração, o que dizer da voz de nossa alma? Quantas vezes, surdos, entramos em ansiedade e nos apressamos em colher os frutos cedo demais. Nos vemos então com aquela coisa verde e ácida nas mãos, e pensamos: "que desperdício!". E temos de começar tudo de novo, desde o início, e rezar para que desta vez saibamos esperar.

Muitas pessoas abandonam precocemente um relacionamento amoroso por se sentirem ansiosas demais para confiar no ritmo da vida. Antecipam-se, atropelam a si e ao outro, e constantemente têm de recomeçar. Outras vezes esperam tempo demais. O fruto amadureceu, amarelou, apodreceu, e elas continuam esperando... esperando. O cheiro já é de coisa morta e podre, e nem mesmo assim percebem. Seguem pela vida como se nada estivesse acontecendo. E, com o fruto, perdem um tempo precioso, tempo de vida, esse que se vai e não espera por ninguém.

Aqui lembro daquelas pessoas que permanecem por anos e anos em um relacionamento estagnado, que já não traz nada além de uma falsa sensação de segurança e comodidade.

Como saber? Como saber quando é hora de ir, de partir de um emprego, de deixar um casamento, de desligar-se de uma amizade? Como saber se já fizemos tudo o que era possível? Como saber se estamos querendo fugir cedo demais?

Na impossibilidade de nos transformarmos em maçã (eu já tentei... juro que não funciona!), não nos resta outra alternativa a não ser buscarmos reencontrar uma sintonia com a nossa natureza interna. Porque no fundo, lá no fundo de nosso próprio ser, nós sempre sabemos. Sabemos, mas muitas vezes não queremos saber. Saber é assustador demais e muitas vezes vai contra os nossos desejos infantis de satisfação imediata, vai contra a nossa vontade pueril de sermos o centro do mundo, capazes de sustentá-lo exatamente como queremos, na palma de nossas mãos.

Nós não temos controle sobre a natureza, não somos capazes de impedir que uma fruta amadureça, que as relações se transformem, ou que a gente cresça e mude de ideia. Não somos capazes de impedir as mudanças, pois elas são a própria essência da vida.

Pare de esperar por certezas.

Se você está em meio a uma situação que vem deixando você infeliz, não importa se anda querendo fugir, ou se tem medo de partir e acabar fazendo a coisa errada, pare por um momento todo o movimento externo e lembre-se de ouvir a voz de sua alma. Cale todas as vozes que vêm de fora. Não ouça ninguém, a não ser a si mesmo. Você sabe o que é melhor para você, acredite. Não espere que a sua felicidade dependa da decisão de outras pessoas. Tome a sua vida em suas próprias mãos. Imagine que você seja um ser sábio e amoroso, que você esteja olhando para tudo o que vem lhe acontecendo de um lugar protegido, longe do medo.

Coloque um pouco a avalanche de emoções de lado e se pergunte: "O que seria o mais saudável para mim nessa situação? Qual seria a decisão mais amorosa comigo e com o outro?"

Pergunte e espere. A resposta virá, acredite.

• 24 •

Quando a gente não sabe para onde ir

Pense naqueles momentos da sua vida em que você se viu parado em frente a uma bifurcação, completamente confuso, sem saber que caminho seguir. Você olha para um lado, para o outro, e, por mais que se esforce, simplesmente não sabe o que fazer.

Momentos assim nos deixam confusos, amedrontados, angustiados, pressionados. A vida em nós impulsiona ao movimento, quer que nos movamos, e nos faz sentir isso em cada átomo de nossos corpos. Você já pensou que cada célula do seu corpo é feita de átomos que se movem o tempo todo? E esses átomos ficam gritando dentro de você: Mova-se! Ouvir esse grito, no entanto, só gera mais angústia, e de repente seus pés parecem um par de halteres feitos de chumbo, pesando 200 quilos e fortemente grudados no chão.

Uma das razões pelas quais temos tanta dificuldade com as escolhas é porque nos identificamos com a criança que existe em nós. E quem disse que a criança quer escolher? A criança em nós não quer abrir mão de nada, a criança em nós acredita que pode ter tudo. A criança em nós faz com que sempre pensemos que vamos perder algo com nossa escolha e cruza os braços, com cara de emburrada, sem dar um único passo em direção nenhuma. Além disso, a criança não quer crescer. E escolher significa arcar com as consequências de nossas escolhas.

Para a criança é muito mais fácil não escolher e responsabilizar os outros, ou o mundo, pela sua infelicidade.

Outra razão que nos mantém paralisados está relacionada à nossa exigência de perfeição. Queremos tanto "fazer as coisas direito", queremos tanto acertar, que não suportamos a possibilidade de correr o risco, de acabar fazendo a escolha errada. Temos muito medo de errar.

Mas será que existem escolhas certas e escolhas erradas? Na verdade, de uma perspectiva mais ampla, toda escolha é a escolha certa. Não importa o que você escolha, esse movimento irá colocar em andamento uma cadeia de fatos e consequências que com certeza o fará aprender a respeito do que escolheu. Logo, não importa para onde direcionemos nossos passos, aprenderemos muito nesse caminhar. É para isso que estamos aqui.

Penso que é um engano acreditar que estamos aqui para obter um "diploma de bom comportamento" no final da vida. Estamos aqui para viver experiências e aprender com elas. É claro que algumas experiências são mais agradáveis e menos doloridas do que outras. E é claro que quanto mais consciente e sábia for uma pessoa, mais saberá escolher essas experiências.

Mas ainda estamos aprendendo, o que precisa incluir espaço para erros, desvios e retornos.

Diante de tudo isso, muitas pessoas acabam optando por não escolher, como se assim pudessem resolver magicamente as coisas. Ficam esperando que "algo" aconteça, ficam esperando a fada madrinha com varinha de condão ou a fadinha com seu pó de "pirlimpimpim".

No entanto, "não escolher" também é uma escolha. Uma escolha muitas vezes inconsciente. Uma escolha que traz tantas consequências quanto qualquer outra escolha.

Acreditem, toda vez que nos recusamos a seguir com a vida, morremos um pouco.

Muitas vezes nos sentimos cansados de tanto pensar por qual caminho seguir. Eu sei que você já deve ter sentido isso um dia. Pensamos e pensamos. Medimos, avaliamos, traçamos planos mentais. E continuamos fazendo isso até a exaustão, querendo acertar a qualquer custo.

Eu vou lhe dizer uma coisa. Por mais que se esforce, você nunca terá certeza de que está fazendo a escolha correta! (escolhas corretas nem existem, lembra?). Logo, é preciso que você compreenda que basta você fazer o seu melhor. Depois que você já tiver avaliado a situação "mil" vezes, sente-se em silêncio, acalme sua mente, e tente simplesmente sentir dentro de você o caminho a seguir. Simples assim. Se você conseguir entrar nesse espaço silencioso, terá uma sensação que lhe dirá: "Vá naquela direção!". Todos nós temos uma espécie de bússola interna que sempre nos diz para onde ir. Mas é muito difícil encontrar essa bússola em meio a tantos pensamentos. É preciso que você diminua o ritmo. Pare. Ouça a si mesmo. E vá! Arrisque.

Pergunte-se: – O que eu faria se são tivesse medo? O que eu faria se tivesse a certeza absoluta de que qualquer escolha me faria feliz e não prejudicaria ninguém? – O que eu faria se não me importasse com o que os outros pensam de mim? O que eu faria se fosse livre? O que eu faria se acreditasse na minha sabedoria?

Mova-se. A vida é curta e não vai sentar a seu lado esperando por você.

• 25 •

Aceitando limites

A aula de yoga tinha começado há alguns minutos. Eu já tinha feito os exercícios de respiração e agora estava há séculos, ou melhor, há milênios, parada em uma posição estranha, a perna desconfortavelmente suspensa no ar, tremendo como uma vara verde enquanto, corajosamente, tentava relaxar e colocar a palma da mão no chão, como se isso fosse possível!

No meio daquela eternidade, fui percebendo muitas coisas, coisas que aprendemos muito melhor quando são contadas por nosso próprio corpo. Fui aprendendo a compreender que minhas mãos mal chegam à altura dos joelhos e que tocar o chão estava muito além do que era possível naquele momento. Fui percebendo a importância da gentileza que precisamos ter conosco em momentos assim, fui aprendendo a reconhecer meus limites, aprendendo que naquele momento eu não podia negá-los ou vencê-los. Precisava aceitá-los, era a minha única chance de não morrer de cãibra ou ser expulsa da escola por ter dito palavrões ou gritado de dor como uma alucinada!

É difícil a gente se dar conta de que o mundo não é exatamente como gostaríamos que fosse. No meu mundo perfeito, eu seria capaz de tocar graciosamente com a testa no joelho com um sorriso pacífico nos lábios... nada parecido com a lata enferrujada e desgovernada que eu me sentia naquele momento!

Quanto tempo e energia desperdiçamos tentando manter em pé castelos feitos de areia, tentando fazer esculturas de água, bolinhas de vento, tentando moldar o mundo às exigências de nosso ego pequeno e teimoso, que acredita que pode fazer o que bem entender. Quanto tempo e energia gastamos tentando prever o futuro, impedir que coisas aconteçam, ou ainda tentando fazer com que outras coisas aconteçam, de forma a nunca sofrermos um arranhão sequer.

Quanto tempo perdemos evitando o sofrimento, negando a realidade, fugindo da verdade que tememos ver, como se, ao fechar nossos olhos, pudéssemos fazer desaparecer o que nos atormenta. Quanto tempo e energia gastamos tentando inventar uma realidade, sem lidar com o que está ao nosso redor, como se assim pudéssemos evitar a dor.

Quanto sofrimento vivemos ao tentar controlar o incontrolável, ao tentar ser perfeitos neste mundo onde tudo tem ao menos uma aresta, uma borda, um risco na superfície lisa que reflete nossa própria imagem. Quanto tempo perdemos lutando com a nossa imagem no espelho.

Se parássemos de fazer tanto esforço em negar a realidade, se estendêssemos a mão ao mundo como o mundo é, se o abraçássemos como abraçamos um amigo que é querido mesmo com suas imperfeições, o mundo nos abraçaria de volta, eu sei.

Se parássemos de lutar, por um instante sequer, se parássemos de nos lamentar pelas coisas que não saíram como queríamos, se parássemos de sentir pena de nós mesmos, se aceitássemos que faz parte da vida sentir na pele uma ou outra frustração, ficaríamos em paz.

A vida não vai mudar ao nosso redor porque assim "exigimos" que o seja, como faz uma criança teimosa e birrenta. Mas talvez, se formos capazes de amar a vida mesmo com suas imperfeições, ela aos poucos se derreta em nossos braços, permitindo que uma forma mais harmoniosa de viver surja quase sem esforço algum.

Não podemos controlar a vida. Mas podemos nos dispor a fazer o melhor com o que quer que venha dela. Podemos mudar o que é possível, aquilo a que temos acesso, sem negar ou distorcer a realidade. Podemos dar um passinho de cada vez, isso podemos. Podemos nos tornar um pouco mais conscientes, um pouco mais atenciosos, um pouco mais amorosos.

Um pouco já basta. Um pouco por vez, com persistência, se torna muito. Um pouco mais de fé, um pouco mais de presença, um pouco mais de verdade.

A vida tudo nos dá quando lhe ofertamos esse pouco. E se enternece e vai cedendo aos poucos, como em uma dança. Mas se quisermos forçá-la... se quisermos impor-lhe nosso ritmo, se a aviltarmos com nossas exigências infantis, a vida passará direta e exigente por nós, acreditem.

Eu expirei nesse momento e, permitindo que todo o ar saísse de meus pulmões, que todas as verdades preconcebidas me abandonassem, vazia de tudo, consegui descer um pouco mais minhas mãos, meio centímetro talvez!

Fiquei feliz... estou meio centímetro mais perto do chão. Um dia eu chego lá!

• 26 •

Nem tanto ao "ar", nem tanto à terra...

Outro dia eu estava observando as árvores. Era um dia de outono, um daqueles dias frios em que a luz fica particularmente bonita. O vento agitava as copas imponentes – os vários tons de verde se misturavam – como se estivesse brincando de desenhar poesia nas folhas das árvores.

Ao ver aqueles longos troncos sustentando copas tão frondosas, me pus a pensar nas raízes das árvores, invisíveis a meus olhos, tão necessárias para que tanta beleza permanecesse firme sobre a terra, mesmo com toda aquela ventania. Pensei nas raízes como se fossem largos dedos agarrando-se à terra com a mesma paixão com que a copa erguia-se em direção ao céu.

"Que tipo de árvore serei eu?" – pensei, subitamente inspirada. "Qual será o tamanho da minha copa? Com que vontade lanço a mim mesma na direção das nuvens, do azul celeste... das estrelas? E o quanto sou capaz de me embrenhar nas profundezas da terra? Como serão minhas raízes? Serão firmes o suficiente para me sustentar?"

Algumas pessoas possuem imensas copas. São as sonhadoras, os artistas, os poetas, os sensíveis seres criativos que se erguem em direção ao alto numa explosão de galhos, flores, cores e frutos. Parecem conversar com as estrelas, sempre têm ideias maravilhosas, possuem uma imensa riqueza interna que se expande em todas as direções. Impossível não ficarmos encantados com pessoas assim.

Outras pessoas, por outro lado, parecem possuir o dom das raízes. Aprofundam-se na terra, na praticidade do mundo, naquilo que é necessário fazer, no dia a dia que não pode ser deixado de lado. Compreendem muito sobre as forças que fazem uma semente brotar, sabem como balancear os nutrientes da terra, entendem muito sobre a quantidade de água e adubo necessária para que sonhos se tornem uma realidade concreta e palpável. Impossível não admirá-los!

Olhando para aquelas árvores, pensando em todas essas coisas, eu entendi algo muito importante. Por mais bela que seja a copa, ela não se sustenta se não possuir raízes proporcionalmente profundas. E por mais profundas que sejam as raízes, de nada servem se não vierem acompanhadas de folhas e frutos, que captem a energia solar e garantam a continuidade da vida da árvore. Eu sei que parece óbvio!

No entanto, percebo que temos uma tendência a supervalorizar um lado e a menosprezar o outro, como se tivéssemos que escolher um deles!

Pense agora em sua vida. Se você fosse uma árvore, qual seria o tamanho e o formato de sua copa? O quanto você é capaz de olhar para cima, de conectar-se com o que é belo... com as mais belas ideias... sonhar... criar... ter esperança.... inspirar-se? O quanto consegue sentir o calor da energia dourada que vem desse astro que chamamos de Sol? O quanto consegue sentir que recebe uma luz que vem do alto e aquece a sua vida, mesmo nos momentos mais difíceis?

E qual seria a forma das suas raízes? O quanto você aceita fazer parte deste mundo, mesmo que às vezes lhe pareça impuro, sujo como a terra, escorregadio como a lama, ardiloso como a argila? O quanto consegue lidar com as questões mundanas, com o dia a dia, com as pessoas como elas são, com as rotinas, o dinheiro, as contas a pagar? O quanto consegue aceitar e lidar com a realidade, sem negá-la, distorcê-la ou manipulá-la por medo do que vê? Pensar nessas questões pode lhe trazer um indicativo de onde você deve concentrar suas forças.

Se sua copa já for verde, florida e frondosa, concentre-se nas raízes. Imagine-as crescendo, atravessando camadas e camadas de terra e ancorando-se firmemente no centro da terra. Concentre-se em aceitar o mundo e suas imperfeições, em lidar com o dia a dia sem achar que isso é algo menor. Isso lhe trará a segurança que talvez venha lhe fazendo falta, trará também firmeza, força e autoconfiança. E, dessa maneira, acredite, chegará o momento em que sua copa poderá expandir-se de forma incrível, com ainda mais cor, viço e ardor.

Mas se você for daqueles que já possuem raízes potentes, se for daquelas pessoas práticas que aprenderam a extrair da terra o que ela tem a lhe dar, então erga seu olhar para o alto, eleve sua seiva através do tronco, alimentando os sonhos, conquistando a leveza das folhas que são levadas pelo vento. Deixe um pouco os livros técnicos de lado e busque algo mais poético, algo que torne sua vida menos árida. Vá em busca do belo, das cores, da leveza da vida. Imagine sua copa se expandindo, e toda a prosperidade terrena fluindo através dela, tornando o mundo melhor.

Identifique qualquer possível desequilíbrio e faça movimentos em direção ao que lhe falta.

Quem sabe um dia todos nós possamos ser árvores imensas, estendidas infinitamente em ambas as direções. Nesse dia, nossas raízes se encontrarão todos os dias no centro da terra, e se sentarão ao redor de uma ardente lareira para rir e conversar trivialidades. Enquanto isso nossas copas recitarão poesias umas às outras, em meio às mais belas estrelas do Universo.

• 27 •

O vazio é a tela. Você, o pintor

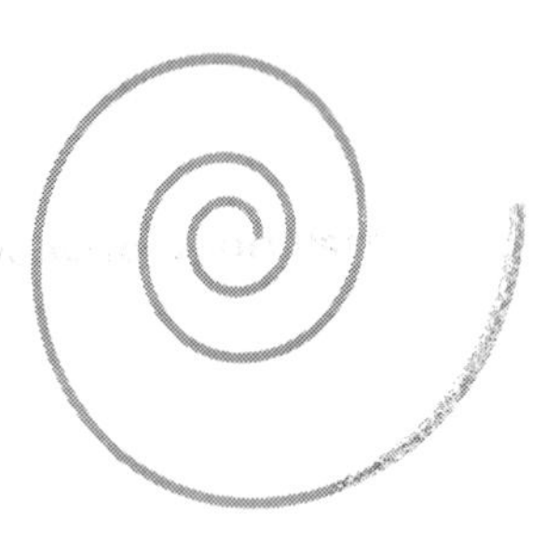

Quantas vezes eu ouço as pessoas falarem sobre esse tal "vazio". Como se existisse um espaço mal-assombrado dentro de cada ser humano, um lugar dentro do qual todas as pessoas, em algum momento de suas vidas, acabassem caindo, para não mais sair de lá.

– Sinto um vazio dentro de mim! – quantas vezes já ouvi essa frase, com inúmeras variações. Que vazio é esse, afinal? E o que fazer com ele?

Na dúvida, acabamos achando que esse buraco é sinal de algum defeito, e que devemos preenchê-lo o mais rapidamente possível. Perceba quantos enganos acabamos cometendo na tentativa de preencher esse espaço que tanto nos assusta.

Nos envolvemos em relacionamentos com pessoas com as quais não temos nenhuma afinidade, "estouramos" nosso cartão de crédito, compramos todo tipo de coisas das quais não precisamos, comemos mais do que necessitamos, bebemos mais do que seria saudável, aceitamos ir a lugares aos quais na verdade não gostaríamos de ir, convivemos com pessoas que sugam toda a nossa energia, andamos pra lá e pra cá como baratas tontas, tudo com a intenção de preencher o vazio.

E mais. Traímos a nossa verdade, nos sentimos "defeituosos" (pessoas perfeitas não teriam um buraco lá dentro!), sentimos vergonha de nós mesmos, criamos falsas máscaras para fingir que não somos ocos, fugimos desesperadamente e nos envolvemos em todo tipo de atividade frenética para não nos lembrar que ele continua lá, quieto, imenso. Um buraco enorme na nossa autoestima.

Fazemos tudo isso para evitar o vazio. Mas sabe o que é pior? Nada disso funciona.

Agora ouça. – Não há nada de errado em você sentir esse vazio aí dentro. Não há nada de errado em sentir-se incompleto, nessa sensação de que "falta algo". É claro que falta algo. Sempre irá faltar!

Existe algo maior, mais belo, que cada um de nós veio aqui para realizar. Entenda. Por "maior" não quero dizer aquele tipo de grandeza que é acessível apenas a alguns. Falo de algo a que todos nós temos acesso, falo daquela grandeza de alma que nos torna verdadeiramente humanos, capazes de criar, capazes de amar. Pois eu acredito que o vazio existe para nos lembrar exatamente disso!

E se eu lhe disser que devemos tudo o que existe de belo no mundo à existência desse vazio? E se fosse mais ou menos assim... Um dia um Monet acorda e sente um buraco bem no meio da sua barriga, ou talvez no meio do peito (o vazio às vezes gosta de mudar de lugar dentro de nós). Sente-se mal com o tal buraco, pega seus pincéis e, no branco vazio de uma tela, pinta os mais belos jardins. Outro dia um Villa-Lobos acorda incomodado, sente algo estranho, como se fosse uma fome por dentro, uma coisa que aperta seu peito, esmaga seu coração solitário. E, no vazio do silêncio, compõe a mais bela bachiana (você já ouviu a *Bachiana nº 5*, do Villa-Lobos?)

Um dia um cientista é acordado por um buraco bem no meio da sua cabeça. Tantas coisas sem explicação no mundo o angustiam e tiram seu sono. No silencioso vazio de respostas brota, quase miraculosamente em sua mente, uma solução para uma doença que aflige toda a humanidade.

Outro dia uma dona de casa qualquer, em uma casa qualquer, acorda e olha ao redor. Os filhos já se foram, o marido está trabalhando. Na solidão de sua vida decide cozinhar e assa o mais delicioso bolo que uma mulher já foi capaz de fazer. E no vazio daquela casa surge um aroma que a transforma imediatamente em um lar; quente, acolhedor, cheio de amor. Eu sei do que falo, pois tive a sorte de ter uma mãe que fazia os bolos mais deliciosos de todo o Universo. Muitas vezes ela também assava pães em casa e aquele cheiro delicioso preenchia não só o vazio da casa, mas também os vazios que existiam em meu coração de menina. A sensação de ver a manteiga derretendo naquele pão recém-saído do forno é uma das lembranças deliciosas que trago da infância.

Assim, acreditem, não há como nos livrarmos desse tal vazio, mas podemos "escolher" o que fazer com ele. Podemos transformá-lo em um mar de lamentações, e navegar por ele por toda uma vida, como se fôssemos um navio fantasma rangendo nossas ferragens por aí.

Mas podemos também... criar!

Essa é a palavra chave para transformar o vazio que existe dentro de nós no espaço mais sagrado que um dia seremos capazes de adentrar.

E é no vazio da terra que uma semente pode brotar, no vazio na mente que o inusitado pode se libertar, no vazio de saber que a real sabedoria encontra espaço, no vazio de crenças que ganhamos a liberdade de escolher no que acreditar. O vazio nos torna livres, pensem nisso!

Veja, Lao-Tsé , em 99 a.C., já sabia disso, veja o que diz seu tratado, o *Tao Te King*:

"Trinta raios convergentes, unidos ao meio, formam a roda, mas é seu vazio central que move o carro... O vaso é feito de argila, mas é o seu vazio que o torna útil... Abre-se portas e janelas nas paredes de uma casa, mas é seu vazio que a torna habitável."

O que seria de uma vida sem o mistério, sem a noite, sem as estrelas? É no vazio que moram a nossa musa, as mais belas ideias, os sonhos e a poesia.

Assim, não tema o vazio. Aceite-o e, se puder, ame-o. Talvez ele seja o maior presente que você já tenha recebido em sua vida.

A verdade é que sem o vazio seríamos tristes caricaturas de quem de verdade podemos ser. Seja corajoso. Aceite-o e permita que ele lhe inspire a tornar-se quem você de verdade é.

• 28 •

A solidão é feita de ilusão

Talvez você já tenha vivido algo assim. Chegou o fim de semana. Sábado. Estava sol, você passou o dia fazendo coisas de que gostava. Acordou mais tarde, foi à padaria da esquina tomar um café da manhã, lendo o jornal em uma mesa que, milagrosamente, era grande o suficiente para acomodar as páginas cheias de notícias. Depois do café, foi ao parque, praticou esportes, curtiu um dia lindo e cheio de sol, encontrou amigos, teve um almoço delicioso em um lugarzinho simples, mas cheio de charme. Voltou para casa cansado, tomou um banho longo e relaxante e jogou-se no sofá para uma deliciosa soneca. Acordou, tinha alugado um DVD maravilhoso. Começou a assisti-lo. Estava se sentindo deliciosamente bem, feliz, o filme era mesmo interessante e você se sentia em paz... até que, já na metade do filme, olhou pela janela, já estava escuro, e você se deu conta de que era sábado! Um choque!! Imediatamente a alegria começou a escorrer para fora de seu momento, como areia fina escapando por entre os dedos de sua mão. Já não era um momento delicioso de prazer. – Como posso estar sozinho em um sábado à noite? – você pensa. – Eu devia estar me divertindo agora, talvez com um grupo de amigos bebendo e dando gargalhadas em um barzinho da moda. Ou quem sabe me preparando para ir àquele *show* maravilhoso de uma nova banda. Ou beijando aquela pessoa especial que vive surgindo em meus sonhos.

"Qualquer coisa, menos estar sozinho. Devo ser um fracassado" – você pensa baixinho, porque não quer ouvir.

Trêmulo com a descoberta, você pega seu caderninho de telefones, desesperado para encontrar algo para fazer. Depois de muitas ligações, tenta o último número de telefone, embora faça muito tempo que não fale com aquele amigo. O telefone toca várias vezes, até que seu amigo atende em meio a uma euforia suspeita. Os ruídos de fundo, música e risadas, só servem para confirmar que todos estão se divertindo muito, menos você!

Depois de uma difícil conversa (afinal, ninguém ouvia ou entendia ninguém), você veste uma roupa premeditadamente desleixada, para dar a impressão de que não se preocupa com isso, e segue para o endereço que seu amigo lhe deu. Já é tarde. Mesmo assim, decidido, você atravessa a cidade, enfrenta um trânsito maluco e mal consegue se aproximar da porta do tal barzinho, de tanta gente que se acotovelava por lá. Espera quase meia hora para conseguir estacionar, mais uns dez minutos para encontrar seus amigos dentro do bar. No caminho até a mesa, leva um banho de cerveja, tropeça em uma bolsa que estava no chão e é praticamente defumado pelo cheiro de cigarro. É verdade que se sente muito magro ao conseguir passar por lugares tão estreitos, o que é um consolo para todo aquele esforço. Finalmente, você chega à mesa. Conseguir uma cadeira seria querer demais, assim você se encosta em uma coluna e faz de conta que prefere ficar em pé, aproveita para fazer um tipo meio misterioso.

E então, finalmente enturmado, acompanhado e em um lugar da moda, você se dá conta de que tudo o que você realmente queria era a paz do seu sofá. É claro que você nunca daria o braço a torcer, e pede logo uma outra bebida para esquecer o que sente.

Muitas vezes as nossas escolhas para o lazer se baseiam em puras fantasias, em mensagens que recebemos pela mídia, em tanta coisa distorcida. Acreditamos nas promessas do lugar da moda, da turma bacana, do programa considerado "in". Esquecemos de validar o que sentimos, as sensações corporais, sinais simples e claros que com certeza nos levariam a muito mais acertos. Se pudéssemos ser mais fiéis à sensação que temos em cada momento, sem julgá-la, sem interpretá-la com a nossa mente, simplesmente sentindo em cada célula de nosso corpo, encontraríamos uma forma mais saudável, simples e honesta de viver. Uma forma mais livre que respeite a sua forma única de ser.

As pessoas são diferentes umas das outras. Assim, me parece perigoso criar regras que desrespeitem essas diferenças, essa "obrigatoriedade de diversão", de estar "feliz" o tempo todo, de sociabilizar o tempo todo, de estar sempre pronto a enfrentar qualquer coisa em troca de algo que supostamente me fará feliz.

Pense: Ou você está feliz, ou não está. Esteja você no alto de uma montanha do Tibete ou no bar mais badalado do momento, não é lá que você encontrará o bem-estar que procura. Deixe de iludir a si próprio e evite aquela sensação de frustração e vazio que muitas vezes sentimos quando colocamos em algo expectativas que jamais poderão ser cumpridas.

Não espere que nada do que você "faça" seja responsável por quem você "é". Aprenda a visitar seu mundo interno mais vezes. Existe alguém que mora lá, sabia? Alguém que sempre sabe o que é melhor para a sua vida. Seu próprio eu, o eu real. Se você aprender a se comunicar com essa parte sua, terá muito mais chances de escolher o programa que realmente fará com que você se sinta bem. Assim, antes de se decidir entre o DVD e a balada, faça uma visitinha a esse personagem que mora em seu íntimo. Aprenda a respeitar sua opinião.

Se quiser ficar no sofá, fique. Se quiser badalar, vá. Sem certos e errados. Sem expectativas. Sem culpas. Apenas vivendo a sua verdade no momento presente.

• 29 •

A dor mensageira

Todos passamos por momentos difíceis vez ou outra na vida. Muitas vezes parece que o mundo se derrama sobre nós com a fúria dos ventos e das tempestades e nos sentimos levados por uma espiral enlouquecida que derruba tudo ao nosso redor até que nada familiar reste.

Não há como evitar, por mais que tentemos, não podemos evitar os movimentos dolorosos da vida. Como um vulcão, a dor muitas vezes brota de dentro de nós cuspindo fogo e labaredas. Outras vezes parece um mar em fúria que nos engole com suas ondas incontroláveis. Existe ainda aquela dor persistente que vai nos enlouquecendo aos poucos, algo parecido com o que sentiríamos se nos sentássemos sobre um formigueiro.

Não importa a natureza do desafio, uma coisa é verdade. Quanto mais resistimos, mais expostos e vulneráveis ficamos!

Seja lá qual for a forma como a dor venha visitar você, receba-a em sua sala de visitas. Sirva-lhe um chá quente e saboroso. Cuide para que vocês tenham alguns momentos da mais profunda paz. Olhe bem no centro de seus olhos e pergunte-lhe: – Por que você veio me visitar? O que quer me dizer? – Não tente evitar ou negar a dor. Isso é impossível. Converse com ela. Ouça seus argumentos. Pergunte-lhe a razão de sua visita.

A dor é uma mensageira da alma. Sofremos quando insistimos em ficar estagnados. Sofremos quando nos recusamos a fazer um movimento necessário. Sofremos quando resistimos à vida. A dor é uma mensageira que vem com a missão de nos fazer caminhar, seguir adiante.

Podemos resistir ou nos mover. Quanto mais resistimos, mais dói. Quando nos movemos, deixamos para trás o que nos fazia sofrer até que um dia aquilo se torna uma lembrança que ganha *status* de sabedoria.

A dor vem para trazer algo à tona, para nos fazer ver o que nos recusamos a enxergar, vem para abrir nossos olhos, para rasgar nosso coração, para despertar a nossa consciência. É a alma nos alfinetando porque nos quer mais felizes. Não é uma punição, não é uma maldição, é um ato de amor do Universo tentando nos tornar ainda melhores do que somos.

Não que esse seja o único caminho de crescimento e transformação, é claro que existem trilhas mais amenas. Mas mesmo nestas, vez ou outra pisamos em um espinho, topamos com uma pedra ou somos picados por uma abelha irada que teve sua colmeia perturbada por nossa distração.

Assim, quando estiver imerso em algum tipo de dor, evite a tentação de fugir. Plante-se bem no meio daquela sensação, abra os ouvidos e ouça o que ela tem a lhe dizer. Feito isso, levante-se, erga a cabeça e mova-se. Evite mascará-la criando falsos estados de fortaleza. Muitas pessoas associam dor a fraqueza e a escondem até de si mesmos. Fingem que não estão sofrendo e com isso afastam-se da ajuda possível, aquela que vem da própria dor.

Outro dia eu li que algumas pessoas nascem sem a possibilidade de sentir dor, e que essas pessoas são muito vulneráveis. Imagine se você tiver uma apendicite e não sentir nada? Imagine se tiver uma úlcera e não sentir nada? A dor nos protege de nós mesmos. Se seguíssemos sempre em sintonia com os movimentos da vida não precisaríamos sentir dor. Assim, fique atento sempre que algo for dolorido para você. Reajuste seu caminho logo nos primeiros sinais. Não espere que a dor tenha de se tornar monstruosa para que você a ouça.

Quando uma abelha picar você, não a mate, apenas peça que seja mais específica!

• 30 •

Gente medrosa se disfarça de baiacu, você sabia?

Você já viu um baiacu? Eu costumava ver, vez ou outra, quando saía para pescar com meu pai. Para quem nunca ouviu falar, baiacus são uns peixes espinhudos, também chamados de peixe-balão, porque têm a capacidade de inchar o corpo quando se sentem ameaçados por um predador.

Bem, quando fui pesquisar um pouco sobre os baiacus, acabei tendo a divertida surpresa de descobrir que existem várias espécies: baiacu-cofre, baiacu-de-chifre, baiacu-caixão, baiacu-areia, baiacu-dondom, baiacu-franguinho, baiacu-liso, e muitos outros. O que me interessou nesse peixe tão peculiar é o fato de que, quando ameaçado, ele se torna maior, criando uma falsa aparência para se proteger.

Isso me fez lembrar de uma época em que eu trabalhava na área de recursos humanos de uma grande organização. Na verdade, era estagiária, com todo um mundo corporativo a ser descoberto. Eu olhava ao redor, para as pessoas que caminhavam decididas pelos corredores da empresa. Percebia que elas tinham o peito inchado, os passos firmes. Todo mundo parecia saber muito das coisas por lá. Levei alguns anos para descobrir que muitos deles eram apenas baiacus assustados, tentando causar uma impressão que os colocasse em segurança. Muitas vezes chegavam às reuniões falando grosso, como uma estratégia para que não lhes fizessem perguntas que não saberiam responder.

Não entendam isso de forma crítica, pejorativa ou maldosa, eu mesma já fui baiacu muitas vezes. Faz parte da natureza humana. Todos nós, em uma situação ou outra, usamos máscaras, inchamos o peito ou nos camuflamos para nos proteger. O baiacu, amigo do camaleão, nada mais é do que um peixe com medo. Pense nisso sempre que alguém lhe parecer inchado demais. É medo, só medo.

Às vezes, usamos esses artifícios com tanta constância que passamos a andar por todos os lugares como se fôssemos peixes-balão, só para no final do dia chegar em casa e descobrir que nossos confortáveis pijamas já não servem. Nossos maridos, esposas, nossos filhos, reclamam que já não nos conseguem abraçar, tal o diâmetro de nosso tórax. E sentem falta da época em que rolávamos juntos e ríamos com nossas brincadeiras pueris.

Esse é um efeito colateral. Quanto mais inflamos o peito, mais difícil se torna simplesmente relaxar. Mais difícil amar, e sermos amados. E se insistirmos nisso, um dia teremos de comprar um aquário gigante para nosso repouso noturno, correndo o risco de nos afastar de tudo o que realmente deveria importar para nós.

Existe um livro delicioso, cuja leitura eu recomendo, escrito por Robert Fisher: *O Cavaleiro Preso na Armadura*. O livro fala sobre um cavaleiro que usava tanto a sua armadura que acabou preso dentro dela. Um outro nome possível para o livro seria *O Homem que Virou Baiacu*.

Vivemos em um mundo onde existem predadores, não podemos negar. Às vezes pode ser mesmo inteligente agir como esse peixe tão peculiar. O baiacu, em plena sintonia com a natureza, com certeza já enganou vários peixes maiores do que ele e salvou a própria pele graças à sua capacidade de iludir. O problema é quando exageramos na dose, ou quando nos esquecemos de nossa verdadeira natureza.

Mas vou ser sincera com você. O que vejo hoje são pessoas com mais medo do que seria necessário. Às vezes entro em um elevador e dou de cara com uma pessoa baiacu! – Baiacus no elevador! Por quê? Com medo do quê? Qual é o grande perigo em relaxar o peito e dizer "bom dia" a uma pessoa em um elevador? Qual é o enorme perigo em sorrir para uma pessoa que cruze nosso caminho? Por que tanto medo de nos comunicar com quem não conhecemos? Por que tanto medo de tudo e de todos?

Em meio a tantos peixes espinhudos, somem de nossas vidas os atos gentis de antigamente, as pequenas delicadezas, as mãos estendidas, a ajuda mútua, os atos de encorajamento. E, cada vez mais, ficamos isolados em busca de uma suposta proteção. E cada vez mais nos sentimos sozinhos.

Eu proponho que nos permitamos ao menos um olhar curioso na direção do outro, antes de ativarmos o balão inflável em nosso peito. Proponho confiar na mais sábia das fontes de informação, a nossa própria intuição. Proponho que baixemos um pouco as defesas em prol da troca, do afeto, da gentileza, de mais sorrisos, dessas coisas doces sem as quais a vida se torna seca e árida, tão árida que nem mesmo o mais espinhudo e inchado baiacu nela conseguiria sobreviver.

• 31 •

Coragem de ser o que se é

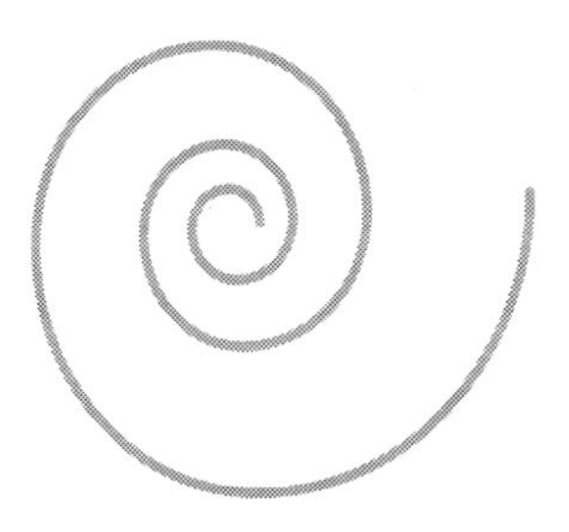

Quanta confusão pouparíamos a nós mesmos se tivéssemos a coragem de ser quem realmente somos. Se nos propuséssemos a arriscar mais, a seguir aquela voz interna que pede transformações, que nos diz para ir para lá ou para cá. Se não déssemos tanta importância à opinião dos outros. Se nos permitíssemos discordar dos outros sem transformar isso em um campo de batalha, sem precisar convencê-los de que estamos certos, sem nos recusarmos a ouvi-los, sem precisar atacar.

É incrível a facilidade com a qual traímos a nós mesmos, você já percebeu isso?

Para entender melhor essa questão, pense na forma como somos criados e educados em nossa sociedade. As crianças são tratadas como se nada soubessem, como se precisassem aprender com os adultos tudo o que é importante sobre a vida. Com raríssimas exceções, é assim que acontece. Assim fui educada, e possivelmente você também. É muito raro que um adulto olhe para uma criança reconhecendo a sua sabedoria, reconhecendo a beleza em sua capacidade para sorrir, para brincar, para amar. Reconhecendo que ela talvez saiba bastante sobre muitas coisas. Mais do que um adulto possa imaginar. Aprendemos desde cedo que as nossas opiniões não valem lá grande coisa. Sem perceber, nos tornamos adultos, mas continuamos, como crianças, duvidando de nós mesmos.

Pensamos por horas em seguir por um caminho, e justo quando estávamos para dar o primeiro passo, alguém nos diz que esse não é um bom caminho. E assim ficamos, com o passo em suspenso, o pé incomodamente pendurado no ar. "E se eu seguir e errar?" – pensamos, tomados pelo medo e pela incerteza.

Por que entregamos o nosso poder com tanta facilidade?

Agora vou me permitir contar-lhe algo que aconteceu comigo alguns anos atrás. Em um dia cheio de sol, eu decidi que iria a um concerto de piano. O evento aconteceria durante a tarde, e como estava bastante quente, escolhi um vestido turquesa, que tinha flores cor-de-rosa, pink, para ser mais exata. O vestido era leve e brincalhão. Mais do que tudo, era alegre, e refletia a forma como eu estava me sentindo naquele dia. Saí de casa, estava me sentindo radiante. Cheguei ao local, comprei meu ingresso e entrei, aberta para celebrar a minha alegria em companhia do piano.

Mas ao entrar na sala de concerto, um lugar quieto, quase austero, percebi que o público daquele lugar era bem diferente de mim. Todas as pessoas eram bem mais velhas do que eu, e estavam vestidas de forma clássica e neutra. À medida em que eu ia caminhando pelo corredor, com meu vestido turquesa e pink, fui sentindo minha alegria se esvair na mesma proporção em que os olhares se voltavam para mim. Continuei caminhando, como se nada estivesse acontecendo, até que ouvi um comentário, um cochicho absolutamente audível, de que o meu vestido parecia uma fantasia.

Confesso que naquele momento toda a alegria que eu sentia tornou-se um peso oprimindo meu peito, as flores do meu vestido murcharam e se esconderam na cadeira numerada, da qual só me levantei depois que todos os cinza, pretos e bege tinham ido embora.

Aquilo me fez pensar muito sobre o poder que damos às outras pessoas. Que poder eu dei àquelas pessoas para deixar que roubassem de mim toda a alegria? Pensei nisso muitas vezes, depois daquele dia. Percebi a força dos condicionamentos pelos quais todos passamos, que nos ensinaram que a aprovação do grupo é fundamental para a nossa sobrevivência. É claro que isso é uma verdade quando temos 5 anos de idade, mas aos 30... 40 anos, será que ainda precisamos acreditar nisso?

Assim, abortamos as nossas melhores possibilidades. E foi assim que eu abortei aquela deliciosa alegria, naquela tarde, porque fui incapaz de sustentá-la, porque fui incapaz de ficar a meu lado, não importa o que pensassem as pessoas ao meu redor. Eu traí o meu vestido e a mim mesma. Até hoje peço desculpas a mim por isso, e por tantas outras vezes em que algo assim aconteceu. Hoje procuro ficar atenta e acreditar-me capaz de honrar minhas escolhas e meu caminho.

O mundo está passando por profundas transformações. Não importa o quanto você esteja ou não consciente disso, todos nós, incluindo você, estamos sendo afetados por isso. O ritmo de tudo está muito acelerado e as mudanças estão acontecendo em uma velocidade incrivelmente rápida. Logo, não temos mais tempo a perder. Precisamos despertar. Precisamos trazer para o mundo aquilo que cada um de nós, sendo exatamente quem é, pode manifestar. E só faremos isso se tivermos a coragem de abrir mão da busca de segurança ou de aprovação dos outros.

Olhe com verdade e profundidade para dentro de você e honre o que quer que consiga enxergar. Se você deseja mudar o rumo de sua vida profissional, faça isso, mesmo que todos ao redor olhem para você com aquela cara que as pessoas fazem quando olham para uma pessoa insana. Se quiser mudar de cidade, mude. Se quiser terminar um relacionamento, termine. Se quiser voltar a estudar, estude. Se quiser passar a vida conhecendo o mundo com uma mochila nas costas, parta já. Se quiser dedicar a sua vida ao estudo da reprodução dos salmões, não perca tempo!

Ah, e se quiser andar por aí em um vestido turquesa e rosa pink, faça isso e me convide para caminhar a seu lado.

• 32 •

O caminho do meio é um pau de sebo

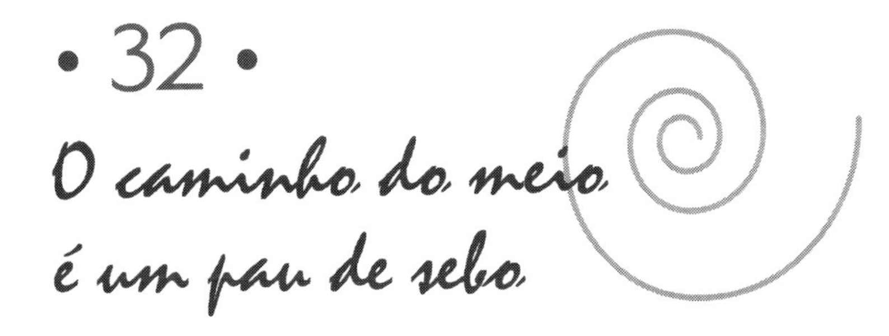

Ontem mesmo eu era uma menina. Eu brincava, estudava, fazia minhas lições. É claro que também tinha algumas obrigações, mas as minhas maiores preocupações relacionavam-se com entregar em dia a lição de casa, em não esquecer nada, em ser a menina estudiosa e aplicada que parecia agradar tanto àqueles que eu amava.

Eu também me preocupava com o mundo, tinha medo das guerras, sofria pela ameaça de extinção dos animais (mas só de vez em quando, entre uma brincadeira e outra, ou quando me cansava de correr com meus cachorros).

O que aconteceu comigo? O que aconteceu com você?

Parece que, num piscar de olhos, o mundo mudou. Tudo aconteceu tão rápido. Hoje olho no espelho e vejo essa adulta. Chego mais perto. O que são essas linhas ao lado de meus olhos?

Ruuuuugaaaasssss?

Olho com curiosidade, indagando internamente o que acho dessa pessoa no espelho. Parte de mim se sente orgulhosa de tantas conquistas. Mas ao mesmo tempo tem essa partezinha que se encolhe, triste, em um cantinho meio escondido do meu coração.

Vou me aproximando devagar, quero ver quem está lá, apertando meu coração dessa forma. E é então que vejo a menina, a menina que fui um dia, com aquele coque de metal que apertava tanto meus cabelos que acabava por me dar dor de cabeça. Olhando para a menina escondida atrás do meu coração, fiquei pensando em quantas vezes sofremos mais do que seria necessário sofrer. Como se não bastassem os sofrimentos inevitáveis, criamos uma série de sofrimentos adicionais, como aquele coque horrendo no meu cabelo.

Sem perceber, complicamos demais a vida. Hoje em dia temos acesso a tantas coisas que antes não existiam – iPods, computadores, *laptops*, todo tipo maluco de eletrodomésticos, tantas marcas de carros, que eu não sei nem a metade dos nomes. Temos também recursos antes inimagináveis para todo tipo de coisas. Uma mulher hoje tem um verdadeiro arsenal à sua disposição. Para ficar bonita ela faz as unhas, depilação, banho de lua (para quem não sabe é tingir os pelos do corpo de loiro), esfoliação, hidratação, permanente e tintura nos cílios, drenagem linfática, limpeza de pele, tintura nos cabelos, luzes, escova progressiva, depilação definitiva, aplicação de *laser*, botox, preenchimento, e eu poderia continuar essa lista por mais umas dez linhas se quisesse.

Será bom isso tudo?

Se o preço for um aperto no coração porque tem uma criança triste escondida por lá, não pode ser bom. Se não sobrar tempo ou espaço para ser feliz, não pode ser bom.

Qual será a medida da modernidade? Será que somos capazes de estabelecer uma medida? Encontrar o tal caminho do meio? Porque, a meu ver, aí pode estar a saída para um maior equilíbrio. Estamos profundamente desequilibrados, acabamos perdendo o nosso eixo entre tantas possibilidades, como a criança que se empanturra tanto que acaba passando mal e perdendo o melhor da festa.

Corremos o risco de perder o melhor da festa, o melhor da vida, empanturrados que estamos desse mundo maluco que não para de girar ao nosso redor. Eu já desisti de acreditar que é só uma fase.

Eu costumo fazer listas, sabe? São tantas as coisas que tenho a fazer que as escrevo e vou eliminando uma a uma. Antes eu sempre ficava esperando a hora de riscar a última tarefa para finalmente poder aproveitar mais o dia e a vida.

Pura ilusão. A tal lista não vai acabar nunca! Ouça, a lista não acaba, só aumenta. Então eu e você precisamos aprender a fazer escolhas. Será que precisamos mesmo fazer TODAS essas coisas?

E mais, precisamos aprender a ser felizes mesmo com a tal lista nas mãos, porque a lista faz parte da vida. Não dá para esperar a lista ficar zerada para ter a tal da felicidade. Precisamos rever nossas listas, reduzi-las ao que consideramos fundamental e fazer as pazes com elas. O mundo não vai parar de girar, eu sei, mas podemos encontrar o nosso próprio movimento nessa dança.

• 33 •

Enquanto o salvador não vem

Até quando vamos continuar esperando pelo "salvador da pátria"?

Em nossa imaturidade, como crianças, vivemos esperando. Esperando por um amor que faça a vida valer a pena, pelo emprego que nos dê satisfação, pelo dinheiro que nos eleve acima das preocupações mundanas. Vivemos esperando que o mundo ao nosso redor mude para que finalmente possamos desfilar nossas maravilhosas qualidades no tapete vermelho da vida. Vivemos esperando o melhor momento para trazer à tona o que temos de mais belo e essencial. E enquanto isso não acontece, continuamos nos bastidores, ensaiando solitariamente nossas falas de alegria e liberdade.

Como se não bastasse, quando o que esperamos não vem, culpamos aos outros, à vida, ao mundo, e até mesmo a Deus! Assim, nos ausentamos de qualquer responsabilidade por nossos dias cinzentos e tediosos.

Muitas vezes, talvez para fugir um pouco do tédio infernal dessa espera infinita, nos revoltamos, como se a vida estivesse agindo secretamente contra nós, nos privando daquilo que mais queremos, frustrando nossos sonhos, nos abandonando em meio ao caos e à confusão.

Acredite. Se você anda se sentindo infeliz, a vida não é culpada por sua infelicidade. Nem os seus parceiros amorosos (ou a ausência deles), nem os seus chefes, pais, professores, amigos.

Tampouco surgirá, envolto em uma neblina dourada, um ser mágico capaz de livrá-lo de tudo o que o vem incomodando. É preciso que você aceite essa verdade para que novos caminhos se tornem visíveis a você. Eles já existem e estão abertos para você neste exato momento, como sempre estiveram e sempre estarão. Você só precisa abrir os olhos para o que já tem. Tudo o que você precisa para ser feliz já existe em sua vida neste exato momento, mesmo que você ainda esteja por demais cego para enxergar.

Mesmo que pareça não ser assim, mesmo que você esteja se sentindo em um beco sem saída, mesmo que você esteja aflito por achar que se encontra lidando com algo que não tenha solução, bem no meio dessa aflição existe um caminho que o conduz em direção à paz.

O primeiro passo para encontrar a solução de um problema é aceitar o que quer que você esteja sentindo. Aceitar o medo, a dor, o caos, a confusão. Aceitar e compreender que, de alguma maneira, foi algo "em você" que acabou colocando-o nessa situação. Isso é maturidade! – parar de responsabilizar aos outros e reconhecer que você caminhou, com suas próprias pernas, para dentro desse conflito. Se você for capaz de reconhecer isso, ao mesmo tempo perceberá que, com essas mesmas pernas, você poderá caminhar para um outro lugar.

Novamente de posse de suas pernas, é importante que você se aposse também de seus olhos e ouvidos. Que expanda a sua percepção do que acontece, que queira enxergar a verdade, mesmo se essa verdade lhe mostrar coisas difíceis a seu próprio respeito. Abra os olhos, queira ver, abandone as ilusões que vêm mantendo você aprisionado. Abra os ouvidos para ouvir aquela voz dentro de você que fala de mudança, de caminhos diferentes, de novas possibilidades, de transformações. Ouça a sabedoria que sussurra suavemente em seus ouvidos e aprenda a honrá-la.

Pare de buscar no mundo externo as saídas que só podem ser encontradas por meio de um encontro profundo e transformador com o seu próprio Eu. Nós não somos vítimas. Sendo assim, não existem salvadores, a não ser aqueles que podem ser encontrados dentro de cada um de nós.

Perceber isso é crescer.

• 34 •

Autoestima: o espelho quer beijar você

Desde pequena eu tenho algumas ideias meio malucas sobre as pessoas e sobre o funcionamento do mundo. Malucas na visão dos adultos, porque para a minha criança elas pareciam – e ainda parecem – a coisa mais óbvia e natural!

A novidade é que hoje decidi correr o risco de convidar a minha criança para dividir uma dessas ideias com você.

Bem, imagine que o mundo seja um enorme quebra-cabeça, e que cada pessoa seja uma peça desse quebra-cabeça. Imaginou? Milhões de pecinhas andando para lá e para cá, tentando encontrar o seu lugar. Tente imaginar mesmo isso acontecendo.

Não sei bem como, nem por quê, mas hoje em dia ficou decidido que algumas peças do quebra-cabeça são melhores, ou mais bonitas do que as outras. E ficou decidido que todas as outras peças deveriam copiar aquelas peças especiais. Isso gerou uma grande confusão no mundo das peças de quebra-cabeça. De repente, ninguém mais estava feliz com suas próprias formas, o que causou um verdadeiro corre-corre.

Hoje você encontra pecinhas e mais pecinhas em fila, esperando por uma tesoura para cortar as partes que sobressaem. Pecinhas querendo cavar reentrâncias onde antes só existia uma superfície lisa. Pecinhas comprando tintas para ter uma cor que acreditam ser mais bonita. Pecinhas importando "acessórios para peças de quebra-cabeças". Pecinhas desmemoriadas, que já nem lembram como era a sua forma inicial.

Experimente fazer isso com um quebra-cabeça! Modifique todas as peças. Corte-as, pinte-as com outras cores. Bem, agora imagine a dificuldade de montar um quebra-cabeça assim. Como descobrir a beleza desse quebra-cabeça se as peças estão todas transformadas? Como saber qual é o meu lugar nesse todo se eu já nem sei quem sou?

Pense um pouco na sua autoestima. Hoje em dia é quase um chavão falar em "melhorar a autoestima". E para fazer isso as pessoas olham para fora, ao redor, e partem em busca de um modelo externo que possivelmente as faria sentir-se bem. Pense "Que modelos são esses? Que modelos de bem-estar e felicidade são veiculados todos os dias na mídia?". Pense nisso, porque são esses modelos que estão nos fazendo correr atrás de tesouras e tintas para pintarmos nossa pecinha e deixá-la igualzinha àquela que vimos outro dia na revista.

"Se ao menos eu pudesse ter o cabelo mais liso, comprar aquele carro, chegar a ser diretor um dia, encontrar o amor da minha vida..." – E assim saímos loucamente pela vida esquecendo de olhar para nós mesmos. E por mais que nos esforcemos, sempre nos sentimos um pouco frustrados. Afinal, sempre existirão cabelos mais bonitos do que o seu, carros mais possantes, pessoas mais inteligentes e amores que me parecerão maiores e mais plenos do que o amor limitado que hoje você é capaz de viver.

A verdade é que estamos perdidos. São peças e mais peças cambaleando por aí, tropeçando umas nas outras, muitas vezes se sentindo tristes ou irritadas. As peças sabem que estão em busca de algo, sabem que cada uma delas era parte sagrada de algo muito mais lindo e maior do que hoje podem sequer imaginar. – Mas... o que era mesmo? – Esqueceram-se!

Nós nos esquecemos do que estamos fazendo aqui. E como esquecemos, sentimos um vazio. E, para preenchê-lo, mais e mais nos esforçamos em tentar ser perfeitos. Quem sabe assim conseguimos sentir essa tal de felicidade?

Precisamos acordar dessa loucura coletiva!

Pense nos momentos em que você se sentiu de verdade alguém de valor. Bem, no meu caso, foram momentos em que eu não estava tão focada no meu Eu. Momentos em que eu não estava me comparando, em que não estava julgando a mim ou ao outro. Os momentos em que me senti mais valorizada foram os momentos em que me permiti ser simplesmente quem sou, com todas as minhas reentrâncias e saliências. Os momentos mais especiais foram aqueles em que eu acreditei ser capaz de ajudar alguém a se sentir bem. E foi então que eu fiz uma das descobertas mais importantes da minha vida de criança:

Quando as pessoas que a gente ama se sentem bem, a gente se sente bem também!

Ter encontrado, ainda que brevemente, um lugar que seja meu, um encaixe, me fez um bem que não sou capaz de descrever. Me faz bem escrever, por exemplo. Escrever. Não como "esta" ou "aquela" pessoa escreveria, mas escrever do meu jeito, mesmo que não seja perfeito, mesmo que não seja capaz de tocar todas as pessoas. (Quem é capaz de tocar TODAS as pessoas, afinal?)

Ouça. Pare de tentar. Pare de tentar ser o pai perfeito, o filho perfeito, a mãe perfeita, o profissional perfeito, o corpo perfeito, a mulher perfeita (você percebe como isso cansa?). Pare de tentar saber o que as pessoas esperam de você e corra o risco de ser você, apenas você.

Sabe de uma coisa? A gente faz as coisas muito melhor quando faz desse jeito. Tudo bem se algumas pessoas não gostarem de você. Você precisa ser capaz de suportar isso, se quiser existir. A escolha é toda sua. Você pode optar por se mutilar para agradar aos outros, mas pode também escolher honrar a si mesmo.

Escute esta verdade. Você é único. Não existe neste mundo inteiro uma única pessoa que seja exatamente como você. Pense nas suas reentrâncias e saliências como aspectos únicos que tornam você perfeito, como são perfeitas todas as peças de um quebra-cabeça.

Então, se você quer melhorar sua autoestima, não olhe para fora. Olhe para dentro e aceite, aceite-se exatamente como você é. A sua felicidade não virá ao você atingir algum tipo de perfeição. Neste exato momento, você já é divino. Todos somos. E quanto mais corajosos formos para sermos reais, mais essa divindade estará presente em nossa vida, nos ajudando a encontrar uns aos outros, nos trazendo paz e nos ajudando a encontrar sentido nesse aparente caos.

Eu conto com você, porque sem você, nem que todas as outras peças tenham encontrado o seu lugar, o quebra-cabeça continuará incompleto.

• 35 •

A mulher insensível

Eu tive a alegria de passar a minha última semana em um lugarzinho escondido no topo da Cordilheira dos Andes. Para onde quer que olhasse, eu só via aquele branco, tão branco que chegava a ofuscar a minha visão. A neve cobria as montanhas, deixando de fora apenas algumas pedras aqui e ali, como que para lembrar os visitantes de que aquela paisagem não era a realidade final.

O que quero lhes contar aconteceu em um de meus passeios em meio às gélidas montanhas, em uma manhã surpreendentemente ensolarada. Eu estava caminhando com aqueles divertidos sapatões para neve, que mais parecem raquetes de tênis, quando senti um arrepio. Não era um arrepio de frio, apesar de estar tudo gelado ao meu redor. Era algo diferente!

Estremeci, e num chacoalhão, saiu de dentro de mim uma mulher, ela era enorme, acreditem! Nem sei bem por onde saiu, se foi pela minha barriga, ou se simplesmente se materializou à minha frente. Era parecida comigo, no entanto seu corpo era mais forte, a pele mais dura e curtida, o olhar tão gélido quanto as águas congeladas do lago sobre o qual eu me encontrava. Aquela mulher era de dar medo em qualquer um.

"Quem é você?" pensei, um pouco assustada com o inusitado da situação. E como se ela tivesse respondido, ouvi em minha mente a resposta. – Eu sou a mulher insensível!

Ah, não duvide, todos temos esses abomináveis seres dentro de nós. Muitas vezes ficam lá, bem quietos, de forma a nunca suspeitarmos da sua existência. No entanto, basta um olhar mais atento e seremos capazes de encontrar o terrível monstro que congela nossos sentimentos, endurece nossa pele e rouba nosso coração.

Alguma vez você já se sentiu meio morto por dentro? Amortecido? Como se já não fosse capaz de sentir nada? Como se nada na vida pudesse tocar você? Nem a música mais linda? Nem um filhotinho de cachorro? Nem uma obra de arte? Nem as pessoas que você acreditava amar? Então sabe do que estou falando.

Eu não acredito que esses abomináveis monstros da neve nasçam conosco. Não. Eles vão se formando aos poucos, na medida em que vamos lhes fornecendo o gelo de que é feito seu corpo. Cada vez que nos sentimos vítimas da vida, cada vez que deixamos de acreditar em nós mesmos, cada vez que deixamos de acreditar nas pessoas, a cada decepção, a cada frustração, vamos pouco a pouco dando forma ao monstro sem nem mesmo nos dar conta de que somos seus criadores.

Uma pessoa mente para nós e já não acreditamos que a verdade exista. Uma pessoa nos fere, e mergulhamos em nosso gélido poço de lamentação pessoal, congelando uma parte do nosso coração. Uma pessoa vai embora e passamos a ter a fria certeza de que seremos sempre abandonados. Assim, pouco a pouco, vamos nos tornando céticos, frios, distantes. Vamos tolhendo os movimentos espontâneos da criança cheia de vida que pulsa em nosso íntimo. Mandamos que ela se aquiete, muitas vezes ficamos raivosos com ela e a aprisionamos em um cantinho qualquer lá dentro de nós.

Aos poucos as cores vão indo embora. Nada de azuis, amarelos ou laranja. Vermelho? Nem pensar! Nada de canções, músicas, brincadeiras. Nada de sorrisos. Nada de fogueiras quentinhas.

Vamos nos tornando amargos, desconfiados e assim, pouco a pouco, vamos moldando nossos abomináveis monstros das neves, como fazemos com uma bola de argila subitamente transformada em bomba-relógio. Tic...tac... tic...tac...

Muitas vezes quem nos olha de fora nada percebe, a não ser um certo distanciamento. Não fazem ideia do que está se passando dentro de nós. Outras vezes nem mesmo nós percebemos, tal a inconsciência na qual vivemos. Aos poucos nos afastamos das pessoas, nos isolamos, nos escondemos. Congelamos por dentro.

E sabe o que acontece quando congelamos por dentro? Paramos de sentir dor. Pode parecer bom, eu sei, mas não sentimos mais nada também. E se nada sentimos, facilmente ferimos a nós mesmos, ou aos outros. Não que sejamos "maus". É apenas uma incapacidade de perceber as consequências de nossas ações. Podemos também chamar isso de insensibilidade.

Conforme fui percebendo tudo isso, senti uma tristeza ao estar perante essa mulher tão abominável. E pior: saber que ela era parte de mim!

O que eu poderia fazer? Como eu poderia me livrar daquele horrendo monstro que andava me roubando a alegria e a própria vida? Como fazer desaparecer essa mulher gelada que fere as pessoas que mais amo? Ela parecia ser tão grande, tão forte.

Por sorte o dia estava ensolarado.

Um raio de sol incidiu sobre o braço da abominável mulher das neves, sobre aquela parte horrenda de mim. Foi quando eu vi a gotinha escorrendo. Aquela mísera gotinha, uma gotinha de nada, refletindo a luz do sol, me mostrou o caminho. De repente não senti mais medo nenhum daquela mulher feita de neve e gelo. Percebi que ela nada mais era do que uma ilusão.

Fui me aproximando, e ao fazer isso percebi medo nos olhos dela. Cheguei mais perto e a abracei. Ela era parte de mim, afinal. E nesse abraço coloquei todo o meu calor, abracei o mais verdadeiramente que pude. No começo foi difícil. Minhas mãos começaram a doer pelo contato com o gelo de seu corpo. Meu peito ficou gelado de encontro ao dela. Mas eu resisti, confiante, e, em pouco tempo, ela começou a derreter.

Foi incrível. Aquela mulher enorme e assustadora foi se derretendo nos meus braços. Meu peito pulsava como uma fogueira. Quanto mais eu me permitia sentir compaixão por ela, mais brotavam de mim enormes labaredas, e aquela neve toda foi se derretendo, e a mulher foi ficando fininha... fininha... e por fim virou uma linda poça de água azulada a meus pés.

Já que era parte minha, a bebi de novo. Eu estava sedenta de mim. Só que dessa vez, ao invés de me congelar, ela me deu forças para seguir em frente. Desci a montanha cantando, de braços dados com a minha menina, que finalmente se sentia livre para ser quem era.

– Vamos fazer um boneco de neve? – perguntou a menina

– Claro! Por que não? – respondi. E passamos o resto da manhã brincando, eu e a menina, na neve, no topo de uma montanha da Cordilheira dos Andes.

• 36 •

Para onde foi a sua alegria?

No meu entender, o maior sinal de sanidade que podemos ter é a nossa capacidade de sentir alegria, que é esse sentimento que nos deixa leves, mais próximos da criança que habita em nós, que nos faz ter uma visão positiva do mundo, que nos conecta com as coisas boas que existem ao nosso redor.

Quando estamos alegres somos mais gentis com nosso próprio ser, nos permitimos ouvir músicas de que gostamos, nos permitimos mover o nosso corpo com entusiasmo, tornamos nossa vida mais colorida. Mas não é só isso... Quando estamos alegres também somos mais gentis com os outros. Sorrimos mais, temos mais paciência e tolerância, somos mais generosos em nossas atitudes.

Não adianta termos uma vida cheia de coisas que queremos se o preço para obtê-las é a nossa alegria. Porque no final é mais ou menos isso o que acontece. Criamos vidas tão complicadas e atarefadas que acabamos sobrecarregados, e a nossa alegria fica lá, soterrada embaixo disso tudo, sem conseguir espaço para nos fazer sorrir.

Experimente isso: saia para passear num dia lindo de sol, sinta a oportunidade de se perceber leve, solto, movido pelo prazer de buscar contato com a natureza. Sinta a alegria movendo cada um de seus passos.

Agora tente fazer o mesmo levando com você seu *laptop*, uma mochila cheia de roupas, as pastas com os contratos que terá de assinar no dia seguinte, o livro de leitura que terá de levar para seu filho mais tarde, as frutas que comprou no supermercado, etc. etc.

Será que vai aproveitar o passeio da mesma forma? Os braços ocupados, as costas arqueadas sob todo aquele peso. Sinta isso... Será que você vai conseguir sentir o vento agitando seus cabelos? Vai perceber a forma sutil como as nuvens se dissolvem ao vê-lo passar? Claro que não!

Apesar de o caminho ser exatamente o mesmo, você provavelmente se sentirá irritado, com as costas doendo pelo peso da mochila, a mente apressada, andando à sua frente sem perceber o momento presente. Impossível sentir alegria dessa maneira! E é exatamente assim que a maioria das pessoas vive as suas vidas nas grandes cidades, nos dias de hoje.

O que fazer então? Abandonar tudo? Jogar o *laptop* de cima da ponte? Fazer uma linda fogueira com os contratos? Jogar as frutas e fazer greve de fome? Abandonar a família e virar um eremita?

Novamente... CLARO QUE NÃO! Mas talvez você possa abrir espaços no meio do seu dia para celebrar a alegria. A alegria precisa de leveza, de mãos soltas, livres de tanta carga, precisa de uma mente livre de tantos pensamentos. Precisa de momentos de contemplação. A vida não pode ser só ação. É preciso espaço para a contemplação.

É na contemplação que alimentamos a nossa alma. Não há alegria sem alma.

Se você quer a sua alegria de novo, terá de lutar por ela, abrindo espaço em sua agenda, como uma pessoa perdida na selva precisa abrir caminho até encontrar o rio que pode matar a sua sede. Entenda que a sua vida não é algo que simplesmente acontece a você, como se você não tivesse nada a ver com isso. Você faz parte da sua vida! Você a cria a partir das escolhas que faz. Inclua a alegria nas suas escolhas. E entenda que se você recuperar a alegria, todo o resto de sua vida fluirá melhor, com mais leveza e menos nós.

A alegria é a verdadeira "desatadora de nós", acredite!

• 37 •

Sobre a generosidade

Eu sonho com um momento planetário em que exista mais amor. Onde as pessoas se lembrem de que possuem taças douradas que transbordam de seus peitos. Hoje em dia estamos todos doentes. Doentes de alma. Doentes de esquecimento. Nos esquecemos daquilo que é fundamental. Nos esquecemos que somos divinos e que dentro de nós existe algo que vale mais do que o maior diamante do mundo, maior do que o que quer que exista de mais valioso no mundo. Dentro de nós existe o nosso próprio Ser... belo, dourado e infinito.

Dentro do nosso peito existe uma taça de onde brota um rio de interminável vida, acreditem. Nós poderíamos alimentar infinitos planetas com essa energia, somos prósperos e ricos em nossa essência, todos nós. Mas como não sabemos disso, tudo o que somos capazes de sentir é um vazio assustador no peito, e para preencher esse vazio que tanto nos angustia, como se fôssemos viciados em drogas, fazemos qualquer coisa.

Usamos e lesamos as outras pessoas... como se pudéssemos preencher o buraco dessa forma.

No fundo, as pessoas se sentem vazias e acreditam que a única forma de obter algo é retirando isso de outro alguém, em geral de alguém que se encaixe na palavra "generoso".

Olho ao redor e cada vez mais vejo que se tornaram comuns as relações baseadas no uso, movidas por intenções meramente egoístas, nas quais o tratamento que as pessoas oferecem ao outro depende do que esse outro possa lhes oferecer. Hoje é comum que as pessoas tratem bem a quem pode lhes trazer algum tipo de ganho, seja o acesso a pessoas influentes, a cargos, ingressos VIP, ou o que quer que seja.

Vejo o tempo todo que as pessoas riem para quem não querem, adulam quem não merece, permitem quem deveria ser impedido; tudo em troca de ganhos pessoais. E assim se dissemina uma rede nociva de sanguessugas profissionais, validados por cada um de nós, que lhes oferecemos de bom grado um pouco de nosso sangue em troca de coisas que acreditamos ser capazes de tapar nossos vazios.

– Fui generoso e acabei sendo usado! – eu já ouvi isso tantas vezes. Se aconteceu a você, não se sinta mal. Às vezes acontece, mesmo aos mais atentos. Os nobres de coração têm a frágil ilusão de que todos são como eles, tornando-se presas fáceis dos predadores, sugadores profissionais. E generosamente permitem que suas riquezas sejam roubadas, suas casas invadidas, suas vidas profanadas. Quando se dão conta do ocorrido, resta ainda a vergonha por ter-se deixado enganar.

Ouçam, generosos: Sejam inocentes, sim, mas é urgente que percam a ingenuidade!

Se você é uma dessas pessoas generosas que vivem sendo lesadas, compreenda de uma vez por todas: nem todas as pessoas merecem aquilo que você tem para dar. Aprenda a diferenciar os verdadeiramente necessitados dos vampiros profissionais. Aprenda a observar um pouco mais as pessoas antes de lhes oferecer seu melhor, antes de abrir o peito em suave entrega. Dê de si mesmo, sim, mas "apenas a quem lhe merecer". Repito, pois é urgente que você compreenda – Nem todos merecem o seu melhor! – Alguns merecerão só um pouquinho, outros nada merecerão.

Aprenda que neste planeta existe tanto o bem quanto o mal. Você precisa estar atento e saber diferenciá-los. Não espere que o mal apareça vestindo roupas vermelhas, adornado com tridentes e chifres, segurando uma plaquinha com a palavra "diabo"! Muitas vezes o mal se veste de gentil cordeirinho. Muitas vezes o mal nem mesmo é consciente de sua maldade, nem por isso deixando de ser maldoso. Muitas vezes uma pessoa nos faz mal por pura inconsciência, mas até mesmo dessas pessoas é preciso que você aprenda a se defender. (Você ficaria na frente de uma criancinha de 2 anos de idade que estivesse com uma arma carregada nas mãos querendo brincar de mocinho e bandido com você?)

De seu peito verte o néctar da vida, a cada instante, num fluir ininterrupto que pode instantaneamente trazer calor e nutrição. Mas saiba a quem oferecer desse néctar. Saiba cuidar de si mesmo em primeiro lugar. Não permita mais que as pessoas lhe roubem o que existe para ser doado de bom grado.

Você não ajudará a ninguém permitindo que isso aconteça! Pelo contrário, ao se permitir ser lesado ou profanado, você ajuda aquela pessoa a acreditar que você tem algo que ela não tem. Isso não é verdade.

Todos nós possuímos essa riqueza dentro de nós. Quando compreendermos isso, não fará mais sentido algum tentarmos roubar nada de outro alguém. Quando compreendermos isso, os jogos do "egoísta que lesa" e do "generoso que se permite ser lesado" deixarão de fazer sentido e todos estaremos livres para viver relações mais sadias, que incluirão trocas equilibradas, respeito e amor.

• 38 •

Carência, repelente natural

Pessoas carentes são como polvos gigantes, esses seres maravilhosos de que fala Julio Verne. Nas páginas dos livros são encantadores e cheios de magia, mas na vida real acabam afastando de si mais gente do que gostariam.

Carência é esse sentimento incômodo que muitas pessoas carregam, percebida por elas como um tipo de buraco, uma fome constante que chega a doer. Às vezes é fome de afeto, de amor, mas também pode aparecer como fome de atenção, como o desejo de estar sempre no palco das relações, sendo valorizado, cuidado, tratado de forma especial. É uma exigência, muitas vezes inconsciente, uma expectativa de que os outros supram você de alguma maneira, desejo este que costuma se impor à sua capacidade de perceber o outro como um ser individual que tem direito a escolhas e limites.

Uma pessoa carente sempre exige, mesmo que de forma disfarçada, que o outro lhe dê o que quer. Não compreende que o outro tem o direito de dizer não. O outro tem o direito de não querer lhe dar algo. O outro tem o direito de não gostar de você. (Afinal, quem é amado por "todas" as pessoas?)

Quando alguém carente se aproxima das pessoas, essa aproximação quase nunca é descompromissada ou relaxada. Existe sempre uma certa tensão. Por um lado, os carentes polvos querem agir sempre adequadamente, para garantir que serão aceitos. (Sua liberdade de ser, ser simplesmente quem são, está limitada pela necessidade de saciar a suposta fome). Por outro lado, aproximam-se na expectativa de receber. Raramente aproximam-se para dar algo ao outro.

Como polvos ambulantes, pessoas carentes estendem na direção da vítima seus enormes tentáculos, tentando trazer em sua direção o que necessitam. Me dê... me dê... me dê... Essa é a mensagem inconsciente que acabam transmitindo, mesmo que o discurso seja muito diferente.

Só que, por ironia do destino, por mais que tentem disfarçar suas intenções, o outro acaba pressentindo os tentáculos e, na maior parte das vezes, se afasta de você. Isso faz com que a pessoa carente se sinta rejeitada, o alimento lhe foi negado, a fome aumenta e ela tenta com ainda mais intensidade, numa bola de neve sem fim.

Quando vamos com sede demais ao pote, acabamos derrubando-o, e lá se vai nossa chance de beber seu conteúdo. As pessoas se afastam quando percebem alguém se aproximar na expectativa de ser suprido, como um náufrago desesperado em busca de algo a se agarrar. E a pessoa fica lá, sozinha no meio do oceano. Como uma brincadeira maldosa do destino, a pessoa acaba afastando cada vez a possibilidade de receber o que quer.

Ora, a pessoa carente não faz isso porque queira ser má ou lesar o outro. Na verdade, ela age baseada na falsa crença de que não consegue suprir a si mesma. Talvez venha de um lar onde não tenha se sentido amada, ou querida. Talvez tenha até recebido amor, mas por algum motivo não tenha conseguido sentir que isso tenha acontecido.

Por trás dessa atitude carente, existe uma dor e uma ilusão. A dor de uma criança ferida. A ilusão de que não se é nada mais do que essa criança.

Entenda: hoje você não é mais uma criança que precisa de alguém para cuidar de você. Aceite a ideia de que hoje você é grande o suficiente para cuidar de si mesmo!

Se a pessoa carente conseguir perceber que, não importa o que lhe tenha acontecido, isso é passado. E que hoje existe dentro dela uma força capaz de curar qualquer ferida. Se conseguir se identificar com seu lado adulto, parando de esperar que a cura venha de fora, ou das outras pessoas. Se conseguir pegar sua criança ferida no colo, e dar-lhe todo o amor, atenção e carinho... esse é o caminho para a transformação.

Se em vez de estender seus tentáculos na direção das pessoas, usar todos aqueles braços para abraçar, proteger e acariciar a si mesmo... se fizer isso, algo mágico começará a acontecer. O pólvo vai aos poucos se transformando em uma espécie de ninho, seguro e quentinho... e nesse ninho você conseguirá se lembrar de sua verdadeira essência, e de lá sairá assumindo sua verdadeira forma, a da mais bela ave, e seu canto será tão pleno que todas as pessoas sentirão o desejo de se aproximar e acariciar suas suaves plumas.

De mãos dadas com o adulto que existe em você, sua fome será saciada por você mesmo. E a sua relação com as pessoas se transformará. Deixará de ser uma busca de alguém que supra suas necessidades infantis e passará a refletir o prazer e a alegria de uma troca genuína e adulta com outro ser humano. E, com certeza, essa mudança fará com que as pessoas parem de se afastar de você e passem a querer estar ao seu lado.

• 39 •

O que estamos fazendo aqui, afinal?

Todo ano, querendo ou não, a gente acaba se dando conta da passagem do tempo. Seja pelas épocas em que tradicionalmente somos obrigados a perceber isso, tamanha a quantidade de fogos de artifício, confetes e serpentinas; seja porque num dia qualquer do ano alguém surgiu na nossa frente com um bolo cheio de velas acesas com um monte de gente ao redor cantando "parabéns a você".

Em momentos assim, o tempo escoando como areia por entre nossos dedos, impossível deixar de pensar sobre o que estamos fazendo com nossa vida. Acabei de passar por um momento desses, e lá no meio da cascata de areia do tempo, me veio a ideia de que só podemos ser felizes de verdade se formos capazes de certa dose de transgressão, de coragem para confrontar as solicitações externas em prol dos pedidos reais que brotam de nossa alma. Lembrei-me da maravilhosa peça de teatro, *A alma imoral*, baseada no livro de mesmo título, de Nilton Bonder.

Enquanto formos marionetes conduzidas pelos cordões da sociedade e da cultura na qual nascemos, como podemos ser felizes? Como você poderia ser feliz se nem mesmo consegue existir, na ânsia de corresponder às expectativas de outro alguém? É como se apesar de andar por aí, pagar contas e dirigir automóveis, ainda não tivesse nascido de verdade.

Esta semana assisti a uma maravilhosa palestra de Prem Rawat, na qual ele discorria sobre a diferença entre a borboleta e uma pipa. Ambas voam, disse ele, mas a pipa cai se largarmos o fio que a conduz, enquanto a borboleta tem a capacidade de flutuar sobre montanhas e campos floridos.

Assim, quando baseamos nossa felicidade nas premissas de nossa sociedade e cultura, conduzidos por seus fios, agimos como a pipa, aparentemente fluida no ar, mas que cai, assim que seu cordão por algum motivo seja cortado. Passamos a depender desse referencial externo. Nossas conquistas passam a ter prazo de validade, até a próxima exigência, ou até que sejamos incapazes de corresponder ao esperado.

Não é fácil. Hoje em dia são tantas as amarras. Parece que o mundo ao nosso redor nos diz o tempo todo quem devemos ou não ser, nos diz para onde ir, quando e como. Nos define, nos limita, nos amarra. Você precisa fazer isso, fazer aquilo, case-se, tenha filhos, pese tantos quilos, estique os cabelos, sorria, seja compreensiva, faça, faça, faça!

O fio vai nos enrolando como aquela serpente que esmaga as vítimas antes de devorá-las.

Eu não quero ser pipa. Quero ser borboleta e escolher a leveza com que alçarei meu corpo ao ar, sem fios que me conduzam ou limitem minha colorida liberdade. Eu quero a liberdade de voar minha própria vida, mesmo que não seja exatamente o que planejaram para mim. Não quero sofrer por não ter cumprido as exigências dessa vida cheia de exigências. Preciso de cerol para cortar as amarras. Aquela mistura de cola e vidro que liberta as pipas de seu fio aprisionador.

Porque livres – e esse é um segredo que lhes conto e que pode mudar tudo –, livres dos fios... "todos somos borboletas". É mentira isso que nos fazem acreditar, que só podemos voar se conduzidos pelas regras ditadas por outro alguém.

Nunca fomos pipas, amorfas e sem vida. É verdade que alguns de nós sucumbimos e nos tornamos borboletas aprisionadas, mas basta cortar o fio e nossa alma nos eleva para além dos certos e errados, para cima, em meio à brisa que vem do oceano trazendo notícias de navegantes errantes e da descoberta de novas terras. E ao ouvir a voz da brisa, nossa vida se torna uma doce aventura.

Precisamos urgentemente cortar o fio que aprisiona. Mas do que é feito o cerol que liberta almas? Não de cola e vidro, com certeza! É feito de sabedoria, de consciência, de autoconhecimento, de uma boa dose de ousadia e coragem. É feito de coisas que fogem do tradicional e tomam rumo próprio. É feito de curiosidade para explorar o novo e é feito, principalmente, de alegria.

Nada se faz sem alegria. A alegria nos faz voar, como na estória de Peter Pan. A alegria é o pó de pirlimpimpim.

Se misturarmos isso tudo e arriscarmos nos atritar, a ir de encontro a esses falsos valores que tentam nos fazer engolir, sairemos vencedores, e juntos nos tornaremos notícia da primeira página dos jornais como a mais bela revoada de borboletas a cruzar os céus numa linda tarde como a de hoje.

• 40 •

Quando o outro te faz sofrer

Vez ou outra, em sua história de relacionamentos, você se decepcionará com alguém. Pode ser um colega de trabalho, um amigo, um parceiro amoroso. Acontece assim: alguém em quem você confiou, a quem deu o seu melhor, de repente tem uma atitude que desrespeita ou fere você, uma atitude tão inesperada quanto um piano caindo de um prédio bem em cima da sua cabeça! Quem nunca viveu algo assim?

Nessas horas, fica na boca aquele gosto ruim de coisa amarga, como o chantili que desanda e vira manteiga. Acabou-se o que era doce. Alguns sentem tristeza, outros espumam de raiva, mas nada apaga a dor de sentir-se traído, enganado, desrespeitado, atropelado. Dói mesmo. Eu sei.

O que você faz em um momento assim? Quando finalmente tiram os destroços do piano de cima de você, com o corpo doído e a cabeça cheia de galos, o que você escolhe fazer?

Você reage vingativamente? Afasta-se e congela? Procura conversar com a pessoa? Passa a falar mal dela para outros?

(Pare um pouco a leitura, tente encontrar uma situação real da sua vida e traga para a sua consciência: Qual costuma ser a sua atitude quando alguém decepciona você?)

O que fazer quando alguém decepciona você?

Por incrível que pareça esse é um daqueles momentos especiais que nos proporcionam uma ótima oportunidade para crescer. Assim, se puder, evite simplesmente reagir a partir do que está "sentindo", ou você correrá o risco de ter uma atitude meramente vingativa que de nada o ajudará. O dano já aconteceu, de que adianta torná-lo ainda maior? Fique quieto, dê a si mesmo um tempo para que a onda emocional se acalme. De nada adianta reagir emocionalmente.

Procure avaliar se existiu alguma parte sua que permitiu que aquilo acontecesse. Será que você confiou naquela pessoa cedo demais? Deixou-se seduzir? Foi ingênuo? Foi ansioso? Não prestou atenção aos sinais que sua intuição lhe enviou? Pergunte-se e ouça a si mesmo sem medo. Tudo bem se você descobrir que confiou cedo demais, ao menos saberá como agir em uma próxima vez. Não julgue a si mesmo, não se culpe, apenas tente aprender.

Entenda que existe todo o tipo de pessoas no mundo, desde as mais conscientes e generosas àquelas que fazem mal conscientemente para conseguir algo que só beneficiará a si próprias. A meu ver, a maior parte das pessoas se encontra bem no meio, entre esses extremos. Têm tão pouca consciência que nem percebem o quanto estão lesando ou ferindo quem está ao seu lado. São maldosas sem nem perceber.

Vivemos hoje um momento planetário de muito contraste. Ao mesmo tempo em que aqui e ali despontam pessoas cada vez mais conscientes dessa teia que nos conecta com cada ser vivo do planeta; existem pessoas que continuam teimosamente agarradas a uma visão egoísta e individualista que só leva em conta seus próprios propósitos. Como se duas raças muito diferentes convivessem lado a lado, com valores e níveis de consciência absolutamente diversos. Por isso, à vezes temos a sensação de que existem pessoas "horríveis" circulando por aí. Quanto mais luminosa se torna uma parcela da população, mais sombria nos parece a outra.

Se pensarmos assim, me parece óbvio afirmar que cabe àqueles que têm um maior nível de consciência se posicionarem de forma mais luminosa, abrindo caminho para que aqueles que estão menos conscientes possam se elevar um pouco mais. O que não se pode permitir é que os mais conscientes se percam de seus valores e ética, um desafio e tanto!

Assim, se alguém feriu você, não se perca de si próprio. Tente encontrar uma forma de lidar com a situação sem perder-se de seus valores , mesmo que o outro tenha valores diferentes dos seus. Preserve-se, é claro. Amar ao próximo não tem nada a ver com arriscar o próprio pescoço. Se for possível, procure expressar a sua visão do ocorrido.

A pessoa pode perceber que foi inadequada e se desculpar com você. Ou pode optar por jogar toda a responsabilidade sobre suas costas e ocupar o lugar de vítima. Pode agir como se você fosse louco por estar lhe dizendo essas coisas. Pode ainda nem querer ouvir o que você tem a dizer, pode rasgar sua carta sem nem mesmo ler.

Não importa! A partir do momento que agimos de acordo com o que se passa em nossa consciência, ficamos automaticamente em paz.

Feito isso, siga seu caminho. Afaste-se da pessoa, caso seja necessário. Não para puni-la, mas para preservar a si mesmo. Temos todo o direito de escolher as pessoas com as quais desejamos ou não nos relacionar. Ao agir dessa maneira, você se torna uma presença benéfica, não só para si mesmo, mas para todos os que cruzam seu caminho. Mesmo para aqueles que não possam, num determinado momento, perceber isso.

Não importa que atitudes tenham as pessoas, jamais traia a si mesmo, jamais se perca de seus valores maiores e não permita, nunca, que sua luz se apague.

• 41 •

Pare de plantar ervas daninhas na sua vida

Eu não sei se você já reparou, mas às vezes parece que todo mundo ao nosso redor começa a enxergar tudo cinza. De repente, reclamar da vida virou senso comum. As pessoas reclamam do trânsito, da correria, da crise, do tempo, de tudo. E se não percebemos, acabamos entrando para o time, colaborando para expandir ainda mais essa onda sombria que vai cobrindo nossas cabeças, nublando a luz do sol.

Não se trata de fingir que as coisas não acontecem, mas de que adianta ficar reproduzindo essa visão negativa do mundo, como se fôssemos um gravador mal-assombrado recriando o arrastar de correntes fantasmagóricas por onde quer que passemos?

As nossas palavras e os nossos pensamentos são como sementes. A partir do momento em que os trazemos para fora, semeamos o terreno ao nosso redor. Num primeiro momento, as sementes ficam lá quietas, como se estivessem mortas, como se não tivessem vida própria. Mas elas têm. Na medida em que as continuamos alimentando, elas crescem, ficam cada vez mais fortes, frutificam e povoam nossa vida.

Preste muita atenção ao que você tem plantado ao seu redor, pois será com isso que você terá que conviver num futuro breve, bem como as pessoas que vivem perto de você.

Não parece difícil entender que uma pessoa que tem uma visão negativa de tudo acaba plantando um jardim sombrio ao seu redor. Nele florescem horrendas trepadeiras de tristeza, plantas rasteiras cheias de desânimo, vários tipos de ervas daninhas: inveja, ódio, ressentimento.

E pior... o triste jardim, uma vez criado por nós, ganha vida própria. Pragas proliferam, espinhos surgem e ele vai se tornando cada vez mais intransponível à medida que as plantas carnívoras ganham força e se alimentam de qualquer possibilidade de otimismo que ouse se aproximar. Assim, perpetuamos em nossa vida essa visão sombria do mundo, sem nos dar conta do quanto colaboramos para sua criação.

Não importa o que digam as pessoas ao seu redor, assuma a responsabilidade pelo seu jardim. Arranque, corajosamente, as ervas daninhas. Prefira o vazio fértil de uma terra virgem a essa profusão de negatividades à sua volta. Escolha o que quer perto de você, rodeie-se de beleza. Ela nos reconecta à leveza fluida da nossa alma, nos dá asas de borboleta, enfeita nosso jardim. Escolha belas palavras e bons pensamentos, cada um deles será como sementes de flores lançadas sobre a terra ao seu redor. Em breve um campo florido surgirá, trazendo cor e perfume para a sua vida.

Você ainda terá um ganho adicional... amigos e bons relacionamentos. Afinal, quem não se sente atraído pela beleza de um jardim florido? E com as pessoas vêm oportunidades, e abertura na vida, e conforto, troca, carinho, amor. Não é tão difícil perceber que quando escolhemos olhar para o que de belo existe, atraímos mais beleza, e vice-versa.

Assim, não siga a onda sombria que vem se espalhando, principalmente nos grandes centros urbanos, e que faz com que as pessoas obtenham um prazer mórbido em reclamar da vida. Mesmo sabendo que dificuldades existem, alimente o que de belo existe ao seu redor. Aguce seu olhar, não é tão difícil encontrar coisas boas para falar ou pensar.

Seja um ponto luminoso na escuridão de nossos dias e perceba que essa simples mudança de enfoque pode mudar não só a sua vida, mas a de muitos ao seu redor.

• 42 •

Somos como ratinhos nessa roda infernal?

Eu tenho uma teoria. Não tenho nenhuma pretensão de que seja verdadeira, é só uma dessas coisas que às vezes nos vêm à mente em uma noite estrelada e parecem explicar muita coisa. A teoria veio enquanto eu pensava nas infinitas pequenas coisas às quais nos agarramos e que tanto nos fazem sofrer. Se você prestar atenção ao seu redor, vai entender o que digo.

Quanto desperdício de energia. Sofremos porque os motoristas são lentos no trânsito, sofremos porque o computador quebrou, sofremos porque alguém deixou os sapatos largados na nossa sala de estar, sofremos porque as pessoas não agem como achamos que deveriam agir, sofremos porque queríamos comprar algo que não podemos... e por aí vai.

Observe quantas vezes sofremos por coisas que se repetem ironicamente em nossas vidas. Como se fôssemos prisioneiros de uma roda mal-assombrada, ficamos lá, girando ao redor das mesmas questões, abrindo mão de nossa liberdade de voar para além daquela repetição infernal.

Alguém nos fere, nos trata sem consideração, e, em vez de simplesmente mandar a pessoa "passear", continuamos lá, agarrados ao sofrimento, aceitando tudo, de novo, de novo e de novo, lutando contra a óbvia realidade de que aquela pessoa simplesmente não vai mudar. Anos e anos perdidos. Por que não mudamos nós? Simples assim... porque não saímos de cena, mudamos a história?

O que eu acredito é que sofremos tanto por coisas pequenas porque no fundo temos medo de dar de cara com a "coisa grande". E a "coisa grande" é o apego que criamos a tudo o que vivemos, o medo que todos temos da morte, das mudanças, da finitude da vida.

Escolhemos inconscientemente nos aprisionar aos infinitos sofrimentos do dia a dia para esquecer a impermanência de nossa condição humana.

Temos tanto medo dessa tal morte que precisamos nos amortecer o tempo todo, precisamos desviar nossa atenção, e fazemos isso nos preocupando com infinitas coisas pequenas, fazendo com que ocupem todo o espaço dentro de nós, permitindo que nos envolvam de tal maneira que nunca tenhamos de olhar para o medo grande. Criamos esse monte de problemas, nos perdemos em meio às nossas neuroses (neurose é repetição!), nos distraímos com coisas sem importância para que não exista espaço dentro de nós para o vazio, para o silêncio onde repousa a verdade última que afirma a finitude de tudo o que existe. Nada é permanente.

Se parássemos de nos amortecer com os problemas diários, se cessássemos o movimento doentio dessa roda ilusória de repetições. Se olhássemos corajosamente para a morte, bem lá no fundo escuro que existe dentro dos seus olhos, se aceitássemos a sua existência... por incrível que pareça, tocaríamos a vida.

Porque só quem sabe da morte entende o valor do tempo. E quem sabe o quanto vale cada instante, não o desperdiça em coisas banais que tão pouco significado têm.

Se tivéssemos a coragem de aceitar que a vida é finita, que as mudanças são inevitáveis, viveríamos com muito mais presença e prazer. Se encarássemos cada minuto como aquele que antecede o minuto final, o sorveríamos como se fosse o mais puro néctar. Se fôssemos corajosos a ponto de silenciar essa loucura interna que criamos para nos amortecer, se pudéssemos penetrar no vazio com a humildade de quem tira os sapatos para adentrar um lugar sagrado, ouviríamos a voz de nossa alma, e saberíamos cuidar melhor da vida, e das pessoas, e de nós mesmos.

Assim, a meu ver, não há como encontrar a verdadeira paz sem que antes tenhamos – como diz Castañeda em seu livro *Viagem a Ixtlan* – a morte como companheira.

Apresse-se, apresse-se. Vá em busca da paz, os ponteiros não param. E na paz... apenas na paz... a vida se torna maior do que a morte.

• 43 •

Dissolvendo mágoas

Alguém nos engana, alguém nos trai, alguém nos trata com falta de respeito, desconsidera nossos sentimentos. Eu sei que você já passou por isso em algum momento.

O nosso peito é como um grande lago, ladeado por flores, pássaros e todos os tipos de vegetações. Quando alguém nos fere, é como se uma pedra fosse jogada no lago. Tudo fica ondulado, a superfície perde a limpidez, a água fica momentaneamente turva e o vento sopra de uma forma que chega a doer.

Mas depois de um tempo, o que naturalmente aconteceria?

A pedra atirada ficaria quieta em algum lugar lá no fundo do lago, uma prova de que vivemos intensamente, uma experiência de vida que veio para nos trazer sabedoria. A superfície da água voltaria a ficar lisa como um espelho, a areia levantada voltaria ao fundo e voltaríamos a sentir a plácida paz desse lago sagrado.

Mas para algumas pessoas não é assim que funciona. Em vez de aprenderem com o que aconteceu e retornarem a seu estado natural de confiança na vida, querem encontrar a pedra atirada, que agora se encontra perdida lá no meio de seus lagos. E, se possível, gostariam de atirar a pedra bem no meio da testa do infeliz que ousou jogar a pedra perturbando a plácida harmonia do lago!

Ficam andando de lá pra cá dentro do lago, cultivando mágoas e pensamentos ruins, ondulando ainda mais a superfície, levantando cada vez mais areia, turvando a água, perturbando a própria paz. Cada vez que se lembram do que aconteceu e de quem as magoou, é como se jogassem novamente a pedra no lago, e de novo, e de novo, e de novo! A todo momento comprovam o grande estrago que lhes foi causado, e dizem: – Vê? Não consigo mais enxergar a minha imagem na superfície do lago!

Na verdade, a pessoa que nos magoou atirou sim a primeira pedra, mas a forma como reagimos a isso é o que pode de verdade nos fazer mal. Continuamos impedindo que a paz aconteça, recriamos a mágoa infinitas vezes dentro de nós.

Por que fazemos isso? Talvez porque, em algum lugar dentro de nós, existe a crença distorcida de que não merecemos a felicidade. Assim, nos aprisionamos a uma cadeia sem fim de culpas e ressentimentos, cultivamos mágoas e permanecemos amarrados àquilo que tanto nos faz mal. Nos falta amor, amor por nós mesmos. Foi essa mesma falta de amor que, provavelmente, permitiu que o outro nos ferisse tanto. Quem ama a si mesmo não permanece em relacionamentos desrespeitosos.

Precisamos parar de nos colocar no lugar de vítimas das situações. Mesmo quando a outra pessoa errou, nos enganou ou o que quer que seja, uma partezinha nossa permitiu que isso acontecesse. Assim, de nada adianta ficarmos repetindo infinitamente em nossas mentes e corações o ocorrido. Isso só nos aprisiona mais e mais.

Muito mais sábio seria tranquilizar a mente até que a superfície do lago voltasse a ser calma como um espelho. E então, sentados diante desse espelho, perguntaríamos: – Como posso aprender com o que aconteceu? Como posso evitar que volte a acontecer? – E depois, seria bom que ficássemos em silêncio, até que a resposta nos venha. Dessa maneira, ao menos teremos encontrado algo de positivo em meio ao ocorrido.

Imagine que as águas de seu lago sejam como um bálsamo sagrado capaz de curar e dissolver pedras. Permita que as mágoas sejam dissolvidas nessa energia que brota de seu coração. Não tenha pressa, leva certo tempo, eu sei, mas até mesmo os maiores rochedos podem ser dissolvidos pela suave persistência da água.

• 44 •

Amar é saltar de paraquedas

Às vezes sinto saudades de coisas que não existem. Você já sentiu isso? Por exemplo... às vezes sinto saudades de um mundo onde o amor seja maior que o medo. Onde as pessoas sejam confiantes e verdadeiras, ajudem-se mutuamente, tratem-se com generosidade e compaixão. Não que não existam pessoas assim, é claro que existem, são as pedras preciosas que brilham aqui e ali no decorrer de nossa caminhada, mas imagine se todas as pessoas fossem assim, imagine poder andar por aí sem tantas defesas, confiando nas pessoas, aberto e desarmado. Seria bom, não?

Ah, mas sabemos que as coisas não são bem assim. Hoje em dia ninguém quer arriscar se machucar. Mais do que isso, ninguém quer ser feito de bobo, ninguém quer se enganado, ferido, humilhado. E todos temos medo, um medo pegajoso que sussurra maldosamente em nossos ouvidos que provavelmente seremos feridos se assim o permitirmos.

Um certo cuidado é mesmo necessário, não podemos simplesmente confiar em qualquer pessoa. Mas será que não podemos mais confiar em ninguém? Acho triste pensar assim, acho triste termos sempre que esconder o nosso melhor, vivermos como se fôssemos reféns do medo, circundados por altas torres que nos separam dos verdes campos onde borboletas beijam flores.

Temos medo de tantas coisas que se eu fizesse uma lista iria cansar vocês! Veja os relacionamentos, por exemplo. É tão comum ver as pessoas desconfiando, medindo palavras, evitando se mostrar, dando-se na medida de um conta-gotas. A grande verdade é que temos medo de amar. Medo de abrir o coração, de confiar, de acreditar que possamos construir relações que incluam respeito e companheirismo. Seja uma relação amorosa, seja de amizade, se você prestar atenção, perceberá que uma boa dose de medo está sempre por lá. Ficamos escondidos atrás das portas em nossos relacionamentos, perto da saída, um pezinho sempre pronto a pular fora, esperando o momento em que fatalmente seremos traídos, feridos, enganados, aviltados.

Confiar é coisa para descuidados, é assim que pensamos, cada vez mais. E aumentamos a espessura dos muros de nossas torres pessoais.

Pense por um momento no amor. Amor requer entrega. Mas se não confiamos, se tememos, se nos enclausuramos... como podemos nos entregar? Se o tempo todo esperamos pela punhalada fatal, como relaxar? Como abrir o peito? Como amar?

Cabe aqui a cada um decidir com que intensidade quer viver a própria vida.

É possível viver uma vida mais segura, mais controlada, com menos riscos, claro que é. Seria como alguém que decide viver sempre nos arredores da cidade onde nasceu. Essa pessoa já conhece os vizinhos, já sabe como tudo funciona, já explorou as redondezas. Sente certa paz e segurança em sua vida contida dentro do que pode ser controlado. Não há grandes surpresas, não há grandes desafios, apenas uma sequência de dias comuns, um tranquilo desenrolar de uma vida quase previsível. Há quem seja feliz assim.

Mas existem aqueles que têm nas veias o sangue dos antigos descobridores de novas terras, dos aventureiros, ou daqueles que transgrediram o usual em busca de algo maior, dos que criaram novos movimentos dentro das artes, das ciências e de tantos campos da vida humana. Algo neles não permite que se conformem com a limitada tranquilidade do conhecido, algo neles sente-se atraído pelos mistérios que os rodeiam.

Esses são os que correm riscos, os que ultrapassam os limites aparentemente seguros do usual. São os que ousam uma nova forma de expressão, os que se lançam em direção ao desconhecido, mesmo sem garantias do que irão encontrar. São os que vivem com mais intensidade. São os que se lançam nas profundezas de escuras cavernas em busca de tesouros. Se os encontrarão ou não, não posso afirmar, embora acredite que tenham mais chances. Afinal, para encontrar um tesouro, temos de ter certa ousadia. Não se vê tesouros na superfície por onde todos andam; em geral, os tesouros requerem certa dose de coragem e profundidade para ser encontrados!

Grandes conquistas são reservadas aos corajosos. Aos que arriscam se aprofundar.

Pense nisso quando pensar no amor. A escolha é sua. Se não quiser arriscar, você pode viver um amor pequeno. Pode continuar escondido atrás de seus medos, evitando grandes riscos, pode viver com um pezinho para fora da relação, evitando se machucar.

Mas se você deseja viver um amor maior, ah, então terá de ousar! Terá de lutar contra o medo que congela metade do seu coração, terá de abrir mão de tanto cuidado, aceitar certa dose de aventura em sua vida, enfrentar cavernas, desafiar dragões, confiar na força da sua espada, lutar pelo que quer de peito aberto. Terá de confiar em si mesmo, na sua capacidade de vencer suas próprias limitações.

Não espere que, entregando a chave de sua vida ao medo, receba a visita de uma estrela brilhante. O céu e suas pérolas de luz são reservados aos corajosos.

• 45 •

A espiritualidade possível

Como podemos viver nesse mundo que vem se tornando mais e mais quente a cada ano, um mundo à beira de um colapso? Como lidar com a face negra do ser humano, que vez ou outra ainda é capaz de nos surpreender por sua criatividade bestialidade? Como lidar com as pequenas dores do dia a dia, com as crianças abandonadas, com aquele homem deitado na rua, com os ursos que já não têm focas para comer, com os momentos de falta de amor?

Acreditem... espiritualidade é tão importante quanto o ar que anima cada célula de nossos corpos tão frágeis e mortais. Falar em espiritualidade, no entanto, requer certo cuidado. Não estou falando de "religiosidade". Espiritualidade, no sentido em que estou empregando a palavra, pode aplicar-se até mesmo a uma pessoa cética.

Uma pessoa espiritual, em minha forma de ver, é uma pessoa que se percebe conectada a tudo o que existe, uma pessoa que percebe as infinitas cadeias de inter-relação que compõem a teia da vida. Uma pessoa que sabe que eu e você estamos conectados em algum nível, a vida de um afetando a vida do outro.

Para ser bem simples: chamo de espiritualizada uma pessoa que procura agir com ética e bom-senso, dando o melhor de si, visando o bem do todo. Uma pessoa assim espiritualizada sabe que não basta ter uma residência cheia de grades, um automóvel blindado, uma ilha separada e protegida do resto do mundo para ser feliz. Mesmo que conseguíssemos criar um lugar assim, o que apagaria de nossas mentes e de nossos corações o fato de sabermos que existem tantas pessoas sofrendo lá fora? Talvez possamos anestesiar nossas mentes e congelar nossos corações, mas será que conseguiremos ser felizes assim?

A espiritualidade nos impede de negar o que acontece ao nosso redor, é verdade. Na medida em que nos sentimos em unidade com tudo o que existe, em que nos sentimos parte da humanidade, também nos sentimos corresponsáveis pela criação do panorama à nossa volta. Sentimo-nos corresponsáveis pela destruição, pelas guerras, pelo cinza das cidades, pela dor das crianças. E isso dói, eu sei. Dói lá no fundo do nosso ser. Mas só ao sermos capazes de suportar essa dor, só ao nos percebermos como parte daquilo que a vem criando, só então seremos capazes de perceber a nós mesmos também como agentes de cura.

A espiritualidade é também a cura. É o que nos abraça quando o ar falta a nossos pulmões, quando a tristeza visita nosso peito, quando o panorama ensombrece nosso coração. A espiritualidade é o que nos dá força para, apesar de tudo isso, sermos capazes de admirar a beleza do nascer do sol a cada dia. A espiritualidade é o que sopra palavras em nossos ouvidos e nos conduz em segurança através de pântanos e desertos.

É a espiritualidade em mim, que algumas vezes me eleva através do caos, me conecta a um lugar da mais profunda paz e me faz sentir que existe um sentido oculto para cada pequeno movimento que ocorra no Universo.

E, de repente, de maneira surpreendente, só existe esse sentimento de gratidão transbordando de meus dedos, escorrendo em sua direção, agora mesmo. Esse sentimento de que tudo está bem, e que estamos em meio a uma onda de despertar coletivo, e que em breve seremos capazes de nos dar as mãos, em uma grande roda, curando assim todas as nossas aflições.

• 46 •
A rosa azul

Dentro de todos nós existe um "Eu", vou chamar de Eu Superior, que reflete as nossas mais belas qualidades. Faz parte desse Eu a nossa sabedoria, a nossa capacidade de amar, a nossa força, a nossa coragem, a nossa luz. É ele quem nos indica sabiamente a direção a tomar quando estamos perdidos, é ele quem nos encoraja a superar obstáculos e nos empurra com firmeza em direção à vida e ao crescimento. É ele que nos ajuda a acreditar em nós mesmos, a amar e a perdoar.

Você não gostaria de ter alguém assim ao seu lado?

– Mas – você pode estar se perguntando – se todos temos dentro de nós um Eu Superior, porque tantas vezes nos sentimos perdidos, apegados a situações limitadoras, abandonados e absolutamente sós?

Bem, imagine a sua vida como se fosse uma floresta. Visualize essa floresta com vários tipos de plantas, muitas delas medicinais. Vizualize também pedras, grandes e pequenos animais e tudo o mais que faz parte de uma floresta, da sua floresta. Imagine agora que nessa floresta exista uma pequena rosa azul, meio escondida pela vegetação, e que essa rosa tenha a capacidade de curar todas as suas doenças, sejam elas do corpo, das emoções, da mente ou da alma.

Talvez você caminhe por essa floresta por toda uma vida e nunca sequer repare naquela flor. Talvez esteja sempre tão apressado que nunca tenha sentido o suave aroma de suas pétalas, nem reparado na vibrante tonalidade daquele azul. Talvez você prefira acreditar que rosas azuis não existem. E se você acreditar nisso, eu lhe digo, assim será. E a sua rosa permanecerá lá, intocada, sem ser descoberta, por toda a sua vida.

Rosas azuis existem? – a decisão é sua.

Assim é seu Eu Superior. O tempo todo ele está aí, dentro de você, esperando que você o descubra. Sua presença é sutil, e para encontrá-lo você precisa aprender a valorizar essa sutileza. Você percebe como a sua mente é barulhenta? São pensamentos e mais pensamentos se repetindo, um após o outro, falando sempre as mesmas coisas, rodando e rodando até que você se sinta cansado ou, como diz uma grande amiga minha, até ficar com a "cabeça gorda" de tanto pensar!

Como ouvir a voz de seu Eu Superior em meio a tanta agitação? Como sentir o suave aroma de uma rosa azul meio escondida entre as folhagens se você sempre passa correndo pela floresta sem nem mesmo perceber que lá é a sua verdadeira morada?

Quantas vezes você para um pouco a sua vida para estar mais próximo de você mesmo? Observe sua rotina. Você tem momentos de silêncio em sua vida? Consegue ficar só com você mesmo? Sem ler nada, sem conversar, sem TV? Por "cinco" minutos?

Para aqueles que querem reencontrar seu Eu Superior e não sabem por onde começar, eu vou propor um começo. Vai parecer fácil, mas se você tentar mesmo colocar isso em prática verá que não é tão fácil assim. Bem, a minha proposta é que você dedique a si mesmo, e só a você, cinco minutos, todos os dias. Apenas cinco minutos. Cinco minutos em que você feche os olhos e se imagine entrando na sua floresta, em busca da sua rosa azul. Que tal?

Acredite, você precisa se voltar para dentro, porque você não vai encontrar seu Eu Superior no mundo externo. Você precisa entrar na floresta, precisa reencontrar sua natureza interna, ouvir seu ritmo, lembrar-se de quem você é. E então, quando você tiver reatado contato com essa parte luminosa de você, poderá voltar-se para fora e descobrirá que essa luz estará em tudo o que existe, como se a separação entre o dentro e o fora deixasse de existir. Quando você se torna sagrado, percebe que tudo é sagrado também.

Os momentos da minha vida em que me senti mais próxima do meu Eu Superior foram momentos simples... quando brinquei com minhas cachorras naquelas poças de água. Ou quando eu era criança e me deitava à noite naquele colchonete velho, lá na casa de Ubatuba e ficava sozinha olhando para o céu. Ou naquela vez em que saí para pescar ao luar com meu pai e tudo se tornou magicamente perfeito.

Na verdade, não importa tanto "o que" se esteja fazendo, e sim "quem estamos sendo". Encontrar o Eu Superior é estar plenamente presente, aceitando tudo como é. É tornar sagrado o momento, seja ele qual for. É ter a noção de que a vida é um pequeno sopro que acontece num instante tão mínimo que não podemos nos dar ao luxo de desperdiçar um segundo sequer.

Agora mesmo você pode sentir o que estou tentando lhe dizer se perceber o quanto este exato momento é único em sua vida. Este exato momento em que você lê estas linhas no seu computador nunca se repetirá. Este momento contém tudo o que você precisa para reencontrar seu Eu Superior, e com ele a totalidade da Vida. Basta que você mergulhe nele, agora mesmo, como se não existisse nenhum passado e nenhum futuro. Como se este momento fosse a sua única chance de tocar a felicidade. E é!

Quando reencontramos o nosso Eu Superior e aprendemos a mantê-lo em nossa vida, tudo adquire um novo significado. Nossa visão se amplia, nossos sentidos se refinam, nossas emoções se acalmam, nosso pensamento adquire a clareza cristalina de um lago de águas límpidas e tranquilas. Finalmente nos sentimos em paz, mesmo em meio aos movimentos, muitas vezes caóticos, da vida. É como se encontrássemos um lugar seguro e sempre disponível dentro de nós.

No entanto, como nos mitos que falam de um santuário sagrado escondido no topo de alguma montanha, por mais que existam indicações, acreditar e iniciar essa busca é algo que só você pode fazer.

De minha parte, desejo-lhe a melhor das jornadas!

• 47 •

A vida fora dos trilhos

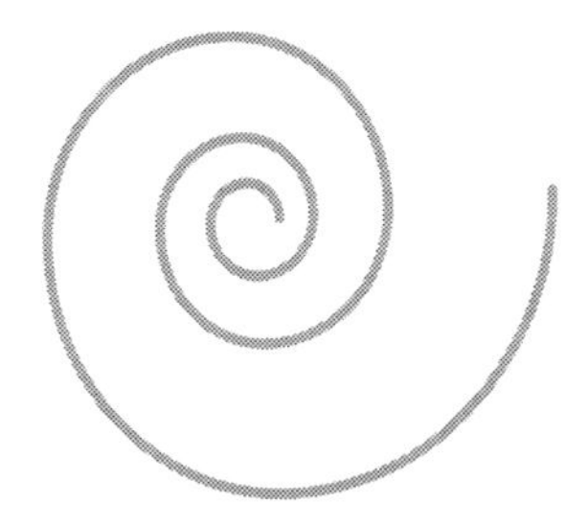

Estamos vivendo um momento único e muito especial da história da humanidade, um daqueles momentos de transformações profundas e assustadoras. Quando olho ao redor, vejo, cada vez mais, aumentar o número de pessoas que estão arriscando questionar os paradigmas que por tanto tempo embasaram as relações humanas. Se antes as pessoas seguiam por suas vidas como se tivessem tomado um trem que seguia certo por trilhos predeterminados, hoje em dia vejo muitos seres corajosos saltando do trem em pleno movimento. Já não querem pagar o preço da prometida tranquilidade da viagem.

Todos nós embarcamos nesse trem no começo de nossas vidas, o roteiro não tinha muito espaço para criações. Sabíamos que, se seguíssemos embarcados, deveríamos cumprir todas as etapas do tal caminho em direção à felicidade: estudar, casar, ter um emprego, ter uma casa, um carro, ter filhos... vocês sabem do que estou falando. O trem seguiria sempre e sem paradas, assim não deveríamos questionar a viagem.

Muitos tentaram seguir, de verdade. No início acreditaram em todos aqueles folhetos coloridos com promessas de uma vida feliz! Mas lá pelo meio do caminho, exaustos daquele chacoalhar infernal, sedentos de uma vida mais plena e verdadeira, perceberam que o preço para continuar embarcados era... a sua alma. Para ter a suposta segurança da viagem, eram obrigados a suportar empregos que desrespeitavam sua liberdade de existir, que muitas vezes ofendiam seus princípios e valores. Tinham de continuar casados com pessoas com as quais já não sentiam a chama do amor. Tinham de trabalhar até tarde da noite para não serem mandados embora de seus empregos. Tinham de abrir mão daquilo que lhes era mais precioso, do convívio com as pessoas amadas, do tempo de vida, para cumprir regras que tinham sido escritas sabe-se lá por quem!

E assim, aos poucos, os primeiros seres corajosos foram se jogando do trem, ousando confrontar a monotonia assassina dos trilhos.

– Eu não quero ter de trabalhar até 10 horas da noite, gritaram uns, e saltaram.

– E eu não quero dividir a minha casa com alguém ao me casar... não podemos nos amar e ao mesmo tempo morar em casas diferentes? – gritou outro, caindo rolando ao lado do trem que seguia furioso.

– E eu não quero ser mãe! gritou outra, enquanto rolava até ser amparada por um arbusto próximo aos trilhos.

E é nesse momento que nos encontramos. Muitos já saltaram do trem. A questão é: O que fazer a partir disso? Como conduzir uma vida profissional fora dos padrões sugadores que existem nas empresas atualmente? Como estabelecer relacionamentos mais livres, com mais respeito pela existência alheia? E se uma mulher ou homem não colocam a função de procriar e cuidar de sua prole como norteadora de suas vidas... qual é a sua razão de viver?

Esse é o momento no qual nos encontramos. Momento no qual corajosos pioneiros lançaram-se em pleno movimento em direção a si mesmos, mas agora se encontram perdidos, angustiados, sem saber para onde ir. Olham ao redor e veem aquela imensidão de possibilidades. E não existem trilhas, modelos, afinal... eles são os primeiros. Uns poucos já conseguiram estabelecer-se fora dos trilhos torturantes, mas não existem regras às quais as pessoas que saltaram possam se agarrar.

Além disso, agarrar-se às novas regras seria, talvez, repetir aquilo que já viviam, criar outros trilhos aprisionadores. Sendo assim, essa não pode ser a saída!

Eu diria, aos corajosos seres que ousaram saltar desse trem, que não tenham pressa em encontrar o novo caminho. Eu diria que não busquem as respostas ou direcionamentos nos livros, nem mesmo no exemplo de outros. Busquem dentro de si mesmos. Essa é a verdadeira revolução... a descoberta da nossa capacidade de criar uma vida mais real, baseada nos anseios de nossa alma. A descoberta de nossa capacidade de encontrar uma resposta única, fresca e verdadeira para cada momento de vida, uma resposta que brota de uma fonte de sabedoria que flui ininterruptamente em nossas profundezas.

Assim, acalme-se, controle o medo e invista sua energia em aproximar-se de si mesmo, desse lugar sagrado no seu íntimo, onde respostas podem fluir, livres, inovadoras, autênticas.

Um dia essa será a nossa forma de viver, gosto de pensar assim.

E para chegarmos lá, cabe a cada um de nós encontrar o nosso caminho, baseado em nosso Eu mais profundo e verdadeiro. Para isso, é necessária uma boa dose de coragem, senso de aventura e confiança na vida. Talvez fiquemos com os joelhos ralados, é verdade. Mas antes um ferimento nos joelhos do que a morte da alma, acreditem!

• 48 •

Desistir ou persistir. A escolha é toda sua

Quando eu era criança gostava de observar aquele bichinho que costuma surgir perto dos jardins. Não sei o nome científico, mas eu o conhecia como tatu-bola. Eu encostava o dedo de levinho naquele tatuzinho preto cheio de patas, e num instante ele se fechava e virava uma esfera perfeita. Apesar da vontade de dar um "peteleco" na bolinha preta só para vê-la rolar, eu resistia, não tocava nela e ficava lá, bem quieta, até que o bichinho se sentisse seguro para se abrir novamente. Às vezes eu colocava minhas mãos rosadas de menina sobre ele, para protegê-lo do sol, enquanto permanecia em sua concha improvisada, como se isso pudesse convencê-lo a voltar à vida ativa mais rapidamente. Com as mãos estendidas, disfarçadas de telhados, eu imaginava que magicamente pudesse transmitir-lhe coragem e confiança em minhas boas intenções.

A gente cresce. Hoje já não brinco mais com tatus-bola, na verdade já faz muito tempo que não vejo um... será que se extinguiram? Ou será que a minha vida de adulta afastou os meus olhos dos cantos encantados onde se escondem as doces criaturinhas? Mas eu ainda penso muito neles, penso sim. Toda vez que algo difícil me acontece e tenho vontade de fugir do mundo, me lembro dos tatuzinhos. Toda vez que vejo alguém fechado em si mesmo, me vem à mente aquelas bolinhas fechadas, bichinhos assustados que buscavam proteção.

A vida às vezes é áspera. Nos pega de supetão, frustra nossos sonhos mais singelos, fere a nossa pele, rasga nosso coração. A vida às vezes é abrupta e assustadora e faz você perder o chão, eu sei. Passamos por momentos de perdas, de dor e de confusão. E, nesses momentos, mesmo sabendo que também fazem parte da vida lindos dias de céus recheados de estrelas e vaga-lumes... ainda assim, muitas vezes, temos a vontade de sumir de tudo, fechar as janelas, apagar a luz. Temos vontade de nos encolher bem quietos, como faziam os tatuzinhos da minha infância. Todo mundo se sente assim de vez em quando, não ache que só acontece com você!

O importante nesses momentos é encontrar o equilíbrio entre a necessidade lícita de nos proteger e a atitude corajosa de nos abrir e voltar à vida. De novo, de novo e de novo. Mesmo com os joelhos ralados depois de tantas quedas... precisamos ser capazes de voltar à vida, quantas vezes forem necessárias (não serão poucas). Essa disponibilidade de renascer é o que faz a diferença entre as pessoas que mantêm seu brilho e as que, infelizmente, permitem que o brilho se apague. Na verdade, ele nunca se apaga completamente. Resta sempre uma chaminha, às vezes bem fraca, uma chaminha que continua ardendo à espera de um ar que lhe insufle nova vida.

Ouça com atenção. Estamos aqui para viver. Estamos aqui, neste lugar maravilhoso e desafiador, para manter viva a nossa chama, até o final. Desafios virão. O tempo todo. Caberá a você escolher entre desistir ou persistir. A escolha é sua. Sempre foi sua. Sempre será. Nisso você estará só, pois ninguém poderá escolher por você. Mas se você optar pela vida, acredite, muita ajuda virá. De onde você menos espera, surgirão mãos querendo proteger você do calor do sol. Mesmo que você nem as perceba, elas estarão lá.

Momentos de reclusão e de retirada podem ser necessários, para que você recupere sua força e a confiança em si mesmo, nas pessoas, na vida. Como faziam os tatus-bola. Saiba respeitar esses momentos. Mas confie que existe em você uma força luminosa que irá aos poucos ajudá-lo a seguir adiante, a superar o medo, como faziam os tatuzinhos. Saiba arriscar a abrir-se novamente. Tudo tem seu tempo.

E lembre-se: a vida é como um vasto jardim, com infinitas flores e aromas a ser descobertos, riachos de água cristalina prontos a saciar sua sede e uma infinidade de deliciosas novas experiências a ser vividas.

Eu ficarei aqui, com as mãos estendidas na sua direção através deste texto, lhe enviando força e encorajamento!